Créer avec des PERLES DE ROCAILLE

Marie-Hélène Zech

Le Temps Apprivoisé
18, rue de Condé
75006 Paris

Pour Charles qui, avec l'enthousiasme
de ses trois ans et demi,
a travaillé avec plaisir à l'élaboration
de cet ouvrage.

Création et réalisation : Marie-Hélène Zech
Mise en page : PackÉdit

L'auteur remercie la société « Fried Frères Paris »
de lui avoir aimablement prêté les perles
et les matériaux pour la réalisation de cet ouvrage.

Dépôt légal : 2ème trimestre 1997
ISBN : 2-283-58914-2
Imprimé en Italie
par G. Canale & C. S.p.A. - Borgaro T.se (Turin)

Historique

C'est à plus de 10 000 années qu'il convient de remonter si l'on veut retrouver trace des premiers « bijoux » qu'inventa l'homme.

A cette époque, l'ivoire de mammouth constituait une matière première de choix ainsi que l'os de renne, le granit, le quartz, la lave, le coquillage, etc.

On a découvert dans des tombes des hommes entourés de « bijoux » familiers et d'objets travaillés. Ceci tendrait à prouver qu'avant d'être parures les bijoux étaient porteurs d'un pouvoir sacré.

Il y eut une transformation complète de la signification des parures et objets d'art, chargés au départ d'une très nette connotation religieuse qui devint profane en traversant les siècles.

Tout le monde sait que l'homme tailla d'abord ses instruments par percussion. Plus tard, naquit en Égypte le foret qui, par rotation, perçait les objets. Ceux-ci étaient ensuite polis au sable.

On trouva ultérieurement, en Asie, un vestige de peinture à l'ocre rouge sur fond de pendentif extrait d'une omoplate de mammouth, et une statue dont le collier et la ceinture étaient sculptés à même le corps.

L'or fut découvert il y a environ 6 000 ans mais il fallut à l'homme encore du temps avant de savoir le maîtriser par la chaleur et la percussion. Puis il déposa au sein de ce beau métal ses rêves de puissance.

Ensuite, l'homme inventa la forge, il transforma l'or en monnaie, puis le tour à pédales des Romains vit le jour.

Les techniques s'emballèrent, une découverte en entraînant une autre, le tour devint électrique et, aujourd'hui, l'électronique et le nucléaire triomphent en cette matière.

Nous venons d'opérer un très rapide raccourci de l'évolution du « bijou ». Pour retrouver, à l'heure actuelle, nos toutes premières parures faites d'os, de nacre et de plumes d'oiseaux, il faut faire un bond dans le temps en parcourant les beaux pays d'Afrique et les îles de l'Océanie.

Pour la tête

Nous trouvons bandeau, diadème, aigrette, résille avec épingle, barrette, etc. Sans parler de la couronne, du casque, de la tiare et de la mitre et, plus modestement, du chouchou, du serre-tête et du peigne. Pensons aussi à la boucle d'oreille, à la tresse indienne – très à la mode – et au masque.

Pour le cou

Les colliers sont composés soit :
– d'un jonc ou d'un fil avec pendentif ;
– de perles enfilées sur un rang ;
– de plusieurs rangs de perles toutes de même calibre ou de grosseur décroissante à partir du centre ;
– d'éléments identiques articulés ;
– d'une chaîne près du cou avec pendeloques ;
– d'une ou plusieurs chaînes longues en sautoir.
Ils peuvent être cousus sur le vêtement.

Pour le bras

Les bracelets sont composés soit :
– de perles enfilées sur un ou plusieurs rangs ;
– d'une ou plusieurs chaînes garnies ou non de perles ou de pierres ;
– d'éléments identiques articulés ;
– d'un ou plusieurs anneaux de métal rigide, fermés ;
– lorsque l'anneau est large, il est souvent ouvert et porté seul ;
– d'un gantelet articulé autour du poignet.
Les Grecs portaient au bras un anneau de métal appelé armille.

Le terme de « bijou » recouvre un certain nombre d'acceptions différentes. Le « bijou » peut être amovible ou non. Il peut être porté à même la peau, fixé dans la chair, cousu au vêtement ou porté dessus, déposé sur une table ou un manteau de cheminée. Généralement, son but premier n'est pas d'être utile : il doit faire honneur à son propriétaire et, dans tous les cas, être esthétique.

Accessoires complémentaires

Nous trouvons :
– les bagues constituées d'un anneau simple ou agrémentées d'un sceau, d'un chaton ou d'un cabochon ;
– les chaînettes pour cheville ;
– les boucles de chaussures ;
– les ceintures et leur boucle ;
– les fibules devenues épingles de sûreté ;
– les agrafes, maintenant broches pour fermer un corsage ;
– les boutons, ayant le même usage que les agrafes.

En plus de son sens de « parure », le terme de « bijou » peut également désigner un objet produit d'une matière ou d'un travail précieux. Qui refuserait aux œufs de Fabergé une place de choix parmi les bijoux et les joyaux ?

Voici encore quelques objets souvent traités de la sorte, cette liste étant loin d'être limitative :
– les boîtes et leur couvercle ;
– les tissus en fils d'or ou en plaques assemblées ;
– les œufs ;
– les figures d'animaux ;
– les fleurs et les arbres.

Perles

Les perles existent en différentes grosseurs (de 2 à 5 mm, voire plus). Leur forme varie :
– ronde,
– facettée,
– cylindrique,
ainsi que leur aspect :
– opaque, transparent,
– métallisé, satiné.
La gamme des coloris est immense.
Les tubes sont de fines perles cylindriques dont la longueur varie entre 5 et 35 mm.

Remarque :

Lorsque vous utilisez de très petites perles ou des tubes fins, choisissez-les avec le plus grand trou possible car il est souvent nécessaire de passer le fil plusieurs fois dans le même trou.
L'expérience venant, vous contournerez vite cette petite difficulté.

Colle

Préférez-la incolore et qui ne produit pas de filaments.

Aiguilles

À choisir longues avec un chas permettant l'enfilage du fil de lin. Vérifier que le chas enfilé puisse traverser la perle surtout si celle-ci est petite. Si cela ne passe pas, changer d'aiguille.

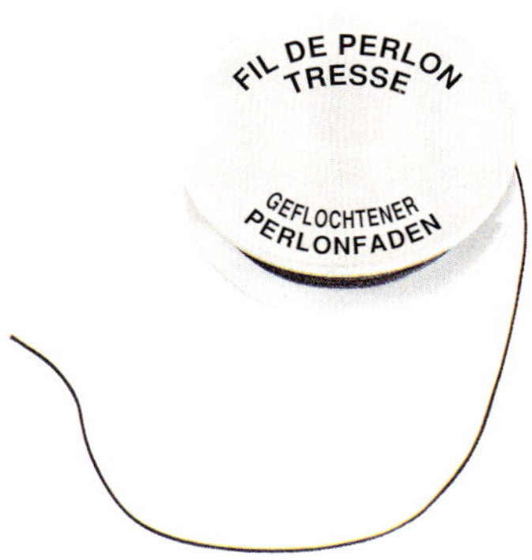

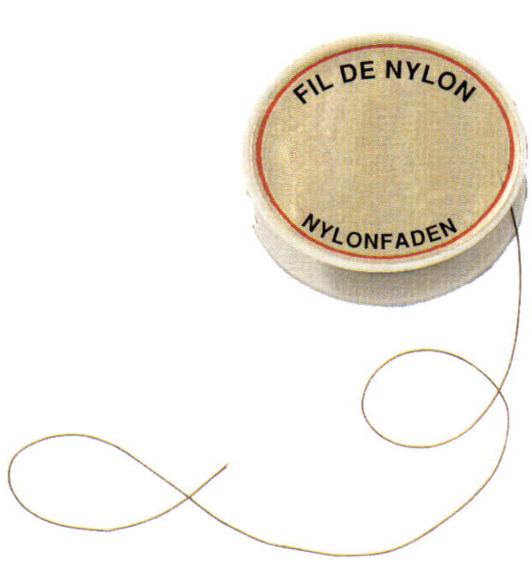

Fils

• ***Fil de laiton***

Doré ou nickelé. On le trouve sur bobine en bois ou en plastique. Ne nécessite pas d'aiguille. Idéal pour fabriquer les objets qui doivent se tenir debout.

Remarque :

Le manier en évitant qu'il se torde. Si un début de nœud survient, ne pas serrer : détendre délicatement avec une pince et lisser à nouveau le fil de laiton en l'étirant avec la main.

• ***Fil de lin***

Noir ou blanc. On le trouve en boîte en plastique ronde dont le couvercle est percé d'un trou, ce qui est très pratique car le fil non utilisé reste propre et ne s'emmêle pas.

• ***Fil de perlon tressé***

Bleu royal, brun, blanc.

Remarque :

Ces deux fils conviennent particulièrement à la couture sur tissu et au tissage des perles. Pour un enfilage simple, l'aiguille n'est pas nécessaire. Au besoin, encoller le bout du fil sur 1 ou 2 cm pour le raidir.

• ***Fil de nylon***

Son avantage : il est parfaitement transparent.

Son inconvénient : quoique de manipulation facile, les nœuds ont tendance à se défaire si l'on ne les surveille pas. Un point de colle ou un léger échauffement peut donner un bon résultat mais attention de ne pas faire fondre le fil. Ne nécessite pas d'aiguille.

• ***Fil de pêche fin***

Peut remplacer le fil de nylon.

Matériel

Ciseaux
Bien aiguisés pour couper toutes sortes de fils.

Petits accessoire
Fermoirs, supports de boucle d'oreille, barrettes nues, tamis pou broches, épingles seront montrés a fur et à mesure des explication

Pince à épile
Pour saisi les perles à colle

Pince plate
Une seule suffit mais il est agréable d'en avoir 2 pour travailler au fil de laiton.

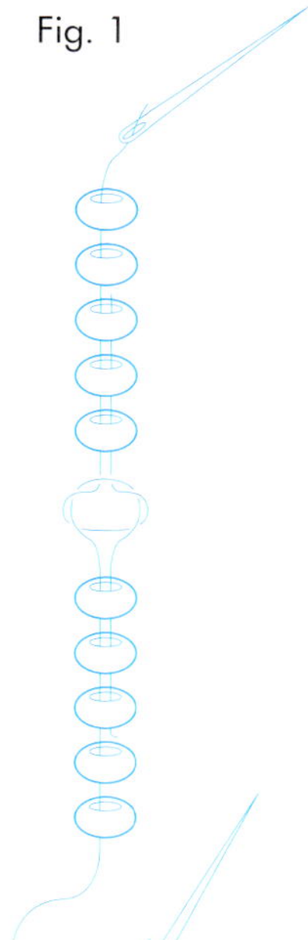

Fig. 1

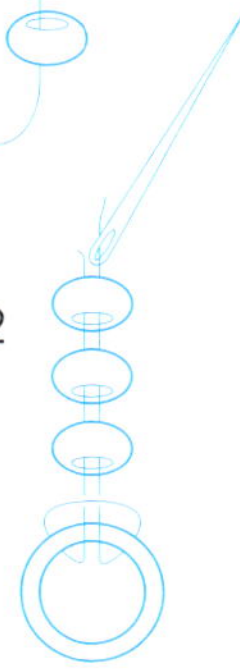

Fig. 2

Fig. 3

Fig. 4

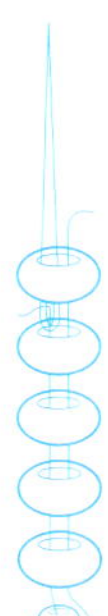

Fig. 5

Remarques générales

Le travail des perles a beaucoup de charme car une idée en entraîne une autre et rien n'est plus amusant que de voir le caniche blanc qu'on avait commencé se transformer sous les doigts en petit mouton. Il faut cependant travailler avec méthode.

- *Sélectionner les perles pour le travail. Les disposer sur un plateau dans des petits pots qui ferment. Ajouter les ciseaux, la pince, la ou les aiguilles, et le fil qui sera le même du début à la fin. De cette façon, si vous devez vous absenter, vous pouvez ranger facilement votre travail, loin des courants d'air.*
- *Les perles non utilisées pour l'ouvrage en train seront bien rangées par couleur et par catégorie.*
- *Évaluer la longueur de l'aiguillée pour éviter les nœuds. Si c'est indispensable, exécuter un nœud plat à faire disparaître dans la perle (fig. 1).*
- *Pour un collier, débuter par le fermoir et faire un nœud avec le fil de lin (fig. 2).*
- *Pour débuter un rang, on peut bloquer la première perle soit en passant deux fois dans la perle (fig. 3), soit en bloquant la première perle par une autre perle de même taille ou par une perle plus petite (fig. 4 et 5).*

Les colliers

Enfilage simple

Commencer le travail en attachant un côté du fermoir.

1 Papillons

- un fermoir,
- un jonc de laiton,
- 14 grosses perles irisées,
- 3 petites perles irisées,
- 8 papillons.

Enfiler 1 petite perle irisée puis 4 perles irisées plus grosses et en alternance quatre fois 1 papillon et 1 perle irisée. Au milieu du collier introduire 1 petite perle irisée et continuer le travail en ayant soin de changer le sens des papillons. Terminer par 4 grosses perles irisées suivies d'1 petite perle irisée. Finir en attachant l'autre côté du fermoir.

2 Enfantin

- perles brillantes de toutes les couleurs,
- fil de lin,
- aiguille.

Voici un modèle facile pour les enfants réalisé par Charles, âgé de trois ans et demi. Laisser l'enfant enfiler les couleurs à sa fantaisie sur n'importe quelle longueur.

3 Trio

- 3 fils de lin blanc de 80 cm de long,
- 60 grammes de perles baroques de verre rose translucide,
- un fermoir doré.

Attacher les 3 fils au fermoir, enfiler les perles jusqu'au bout et attacher les 3 extrémités à l'autre partie du fermoir pour obtenir ce joli collier rose à 3 rangs.

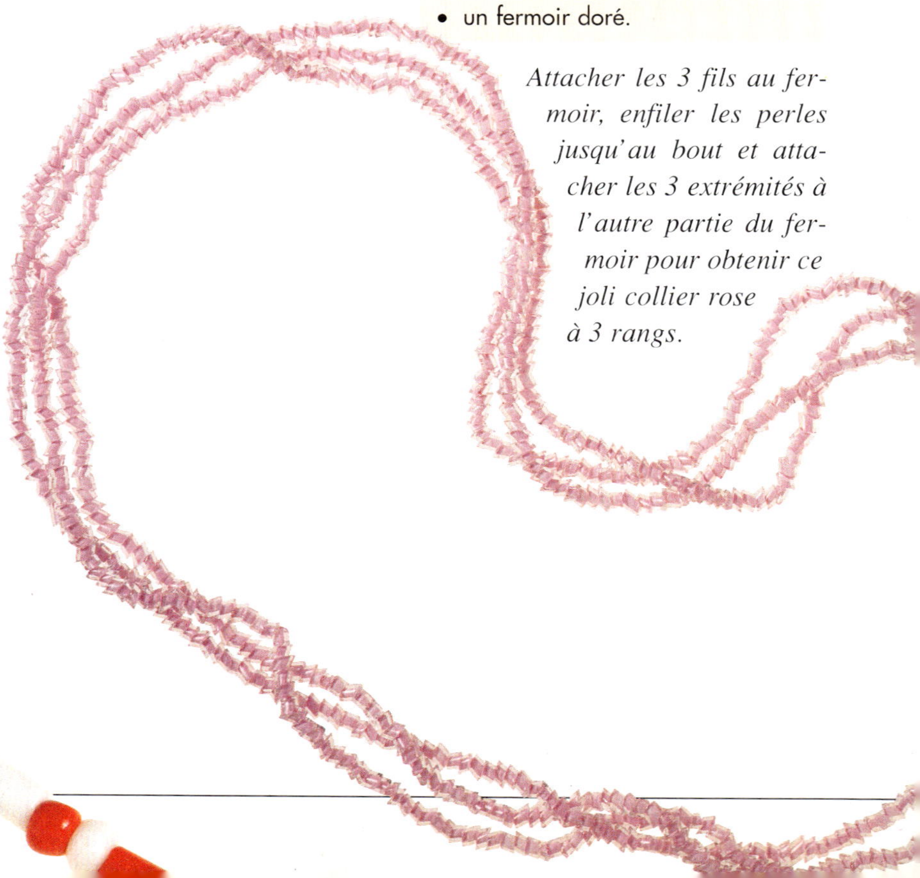

4 Joyeux

- fil de lin,
- tubes rouges et blancs,
- perles rouges et blanches.

Très joyeux collier composé en alternance de 2 perles rouges et blanches, 1 tube rouge et 1 tube blanc.

5 Tour de cou noir

- ruban de velours noir de 2,5 cm de largeur et de 38 cm de long,
- environ 3 cm de Velcro,
- 500 rocailles noires mates,
- environ 170 perles noires un peu plus grosses et 25 perles poires noires,
- fil de lin noir ou fil de nylon.

Fixer le fil au velours et enfiler 3 rocailles, 1 perle, 3 rocailles ; continuer ainsi jusqu'à 6 cm. Enfiler alors 1 perle poire et 1 rocaille. Remonter le fil à travers la perle poire et toutes les perles enfilées, jusqu'au velours. Faire un petit point pour fixer le premier pendentif. Recommencer l'opération 4 mm plus loin en formant un pendentif de 7 cm. Exécuter ainsi, tous les 4 mm, 24 pendentifs alternés de 6 et 7 cm de longueur. Arrêter le fil, coudre le Velcro.

6 Estival

- 4 à 5 boîtes de rocailles blanches,
- 2 grosses perles blanches creuses,
- 4 perles plates,
- 30 perles moyennes,
- fil de lin blanc.

Enfiler 14 rangs de 20 cm de rocailles blanches. Nouer ensemble les 14 fils, cacher le nœud dans la perle creuse, Continuer avec 2 fils, en enfilant à chaque bout symétriquement 1 perle ronde, 1 perle plate, 3 petites perles, 1 perle plate, 1 ronde plus grosse et enfin 13 petites perles rondes. Attacher le fermoir.

7 Africain

- 6 fils de lin noir ou de nylon de 80 cm de long,
- 780 perles noires,
- 13 très gros tubes noirs mouchetés de marron, de 2 à 3 cm de long.

Enfiler les 6 fils dans un tube en en maintenant les 6 extrémités en attente, liées ensemble par un fil provisoire et retenues par une pince à linge. Enfiler 10 perles noires sur chacun des 6 fils. Passer à nouveau les 6 fils dans un gros tube puis 10 perles noires sur chaque fil et ainsi de suite. Lorsque tout est enfilé, nouer ensemble et très serré les fils en attente à leurs extrémités. Cacher les nœuds en faisant circuler ceux-ci dans le premier tube.

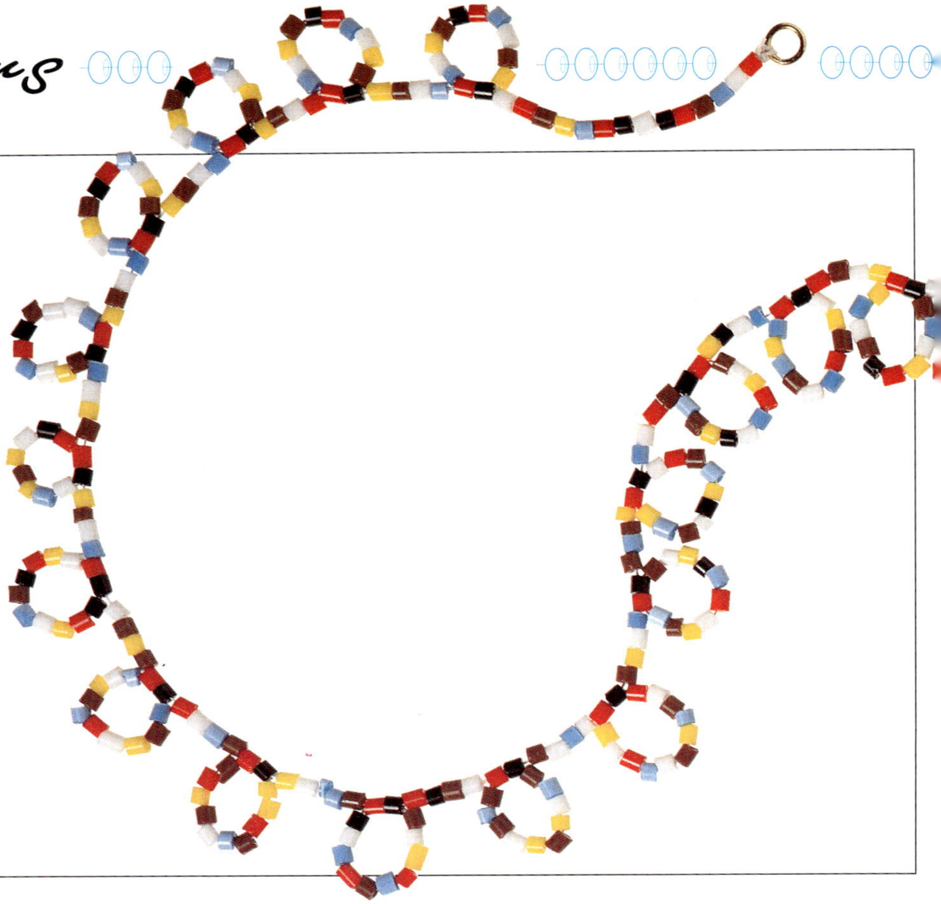

Enfilage à point arrière

8 Bouclettes

- 110 cm de fil de lin blanc ou de nylon,
- 1 fermoir,
- 1 boîte de perles ou de petits tubes multicolores.

Exécution facile : nouer le fil au fermoir, enfiler les tubes (ou les perles) sur 5 cm. Enfiler 12 perles et repasser l'aiguille dans les 2 dernières perles. Les 12 perles forment un rond. Enfiler 2 cm, 12 perles, repasser dans les 2 dernières perles, ainsi de suite. Terminer par 5 cm d'enfilage et nouer le fermoir.

Effet de losange

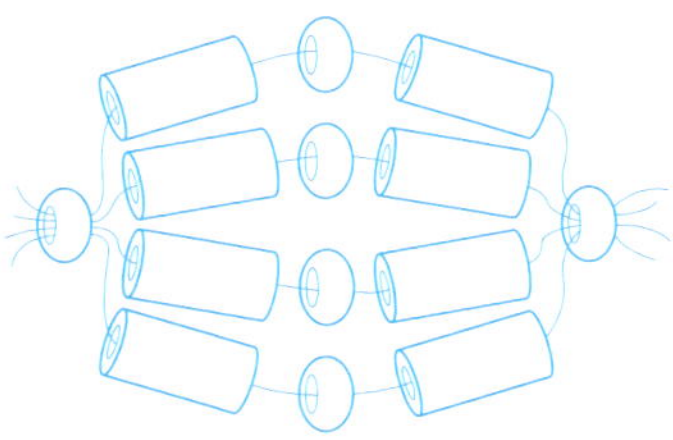

9 Nuit azurée

- 4 fils de lin noir,
- tubes bleus,
- perles bleues et jaunes.

Très simple : attacher les 4 fils au fermoir. Enfiler les 4 fils ensemble dans une perle bleue, séparer les fils et enfiler sur chacun d'eux un tube bleu, une perle jaune et un tube bleu. Rassembler les 4 fils et les passer ensemble dans une perle bleue, les séparer à nouveau, etc.

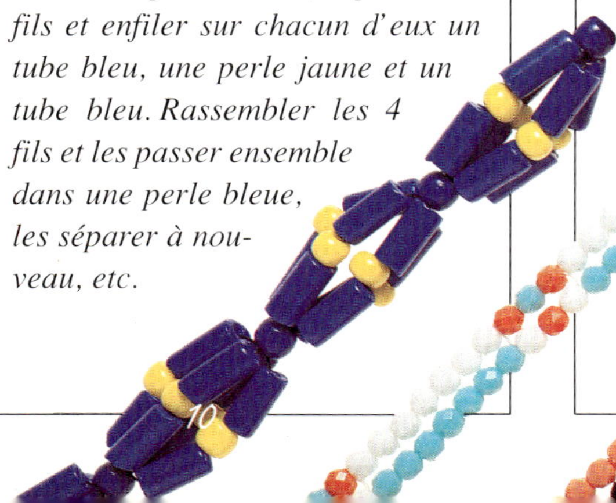

Enfilage géométrique

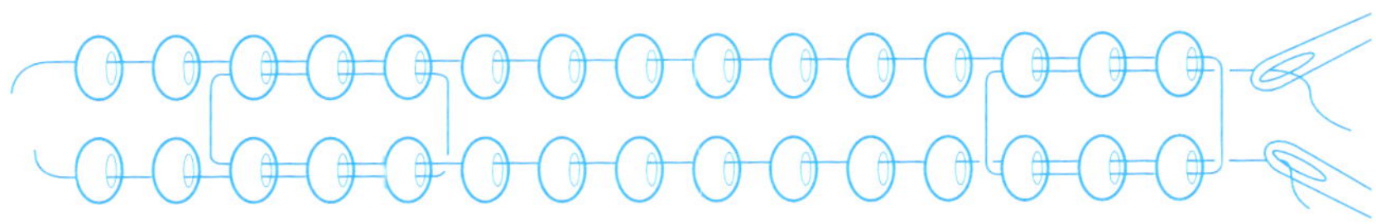

10 Côte à côte

Pour 45 cm, compter :

- 120 perles turquoise
- 120 perles blanches
- 50 perles saumon,
- 2 fils de lin blanc de 55 cm.

Attacher ensemble les 2 fils au fermoir. Enfiler 7 perles turquoise sur un fil et 7 perles blanches sur l'autre. Enfiler ensuite, côté turquoise, 1 blanche, 1 saumon, 1 blanche et, côté blanc, enfiler 1 saumon, 1 turquoise, 1 saumon.
Avec le même fil, enfiler en arrière les 3 dernières perles de l'autre fil puis repasser par les 3 dernières perles saumon, turquoise, saumon. Pour garder la même longueur de fil, il faut alterner l'opération avec un fil puis l'autre. Poursuivre jusqu'à l'obtention de la longueur voulue. Attacher les 2 bouts de fil au fermoir.

Enfilage fleurette

Réalisé avec un seul fil de lin

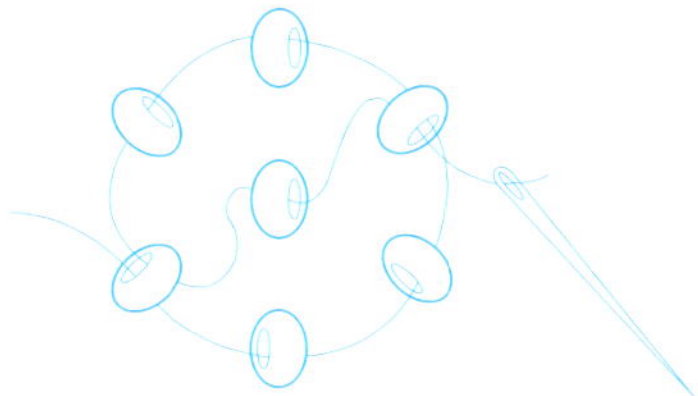

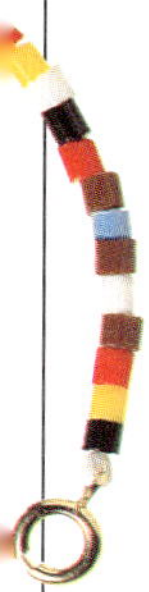

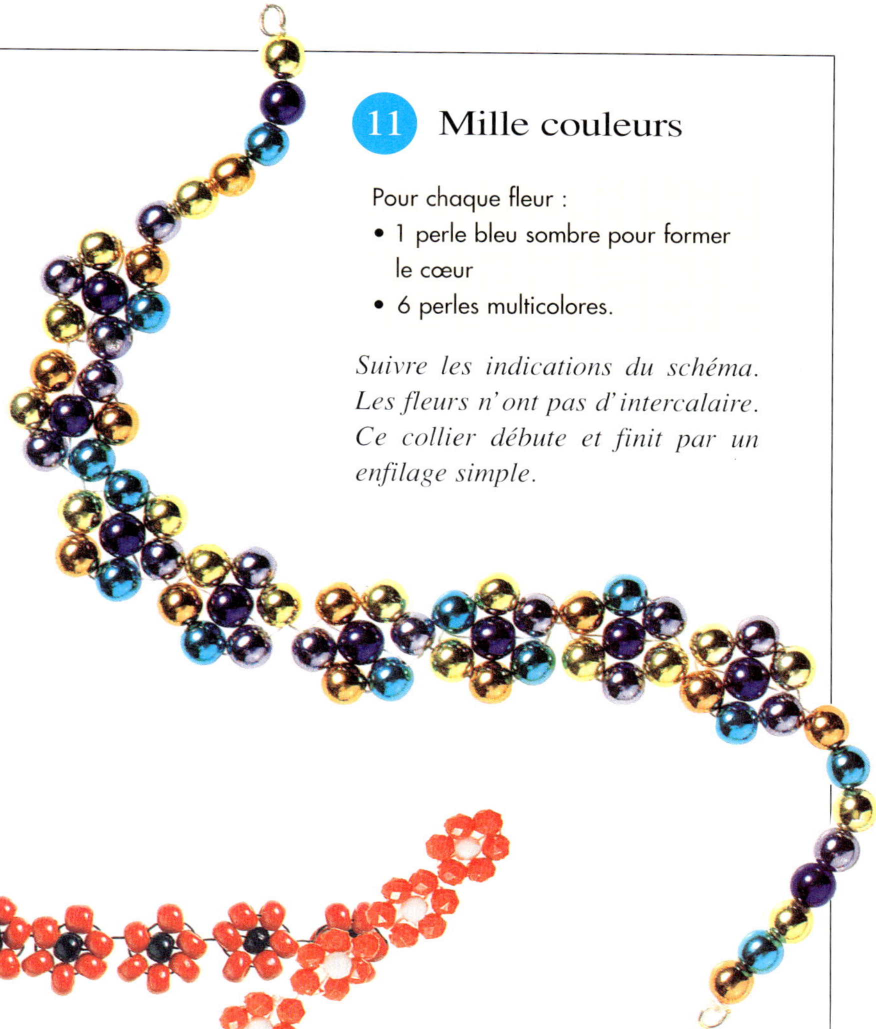

11 Mille couleurs

Pour chaque fleur :

- 1 perle bleu sombre pour former le cœur
- 6 perles multicolores.

Suivre les indications du schéma. Les fleurs n'ont pas d'intercalaire. Ce collier débute et finit par un enfilage simple.

12 Anémone

Pour 25 cm, prévoir 20 fleurs avec :

- 1 perle cœur noir,
- 6 perles pétales rouges.

Corolle rouge à cœur noir, sans intercalaire. Suivre les indications du schéma.

13 Bouquet

- perles facettées saumon et blanches,
- 1 tube intercalaire vert.

Ces perles très régulières de forme donnent un résultat bien dessiné.

14 Baroque

Pour 40 cm de collier :

- une trentaine de fleurs à 6 perles vertes,
  - cœur or et 2 intercalaires or,

soit 180 perles baroques vertes et 90 perles baroques or.

Ce modèle, composé de perles baroques, donne un effet très fantaisiste.

Effet géométrique

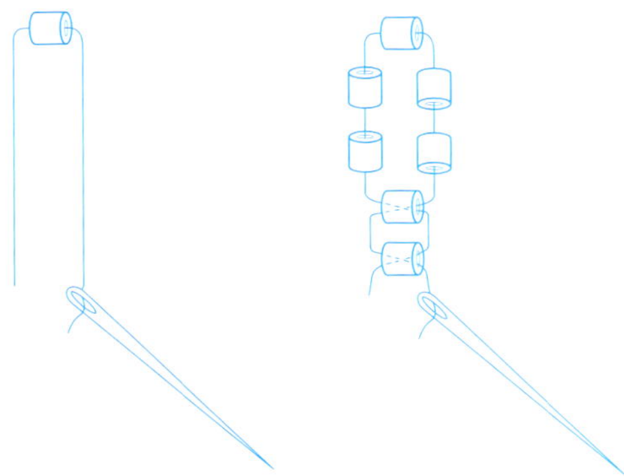

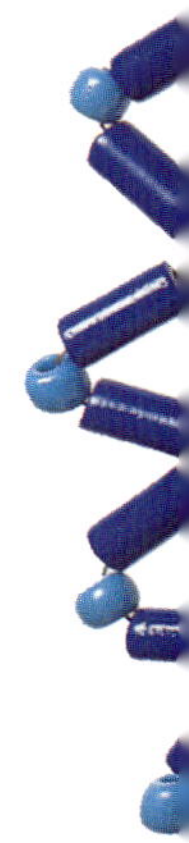

15 Corolle

- perles en forme de sucres,
- un fil de laiton nickelé assez long.

Placer la première perle au milieu du fil. Poursuivre comme indiqué sur la figure. Enfiler 2 perles à gauche et 2 perles à droite. Les 2 fils passent ensemble et en sens inverse dans la perle suivante et se croisent à nouveau dans une autre perle. Reproduire le motif.

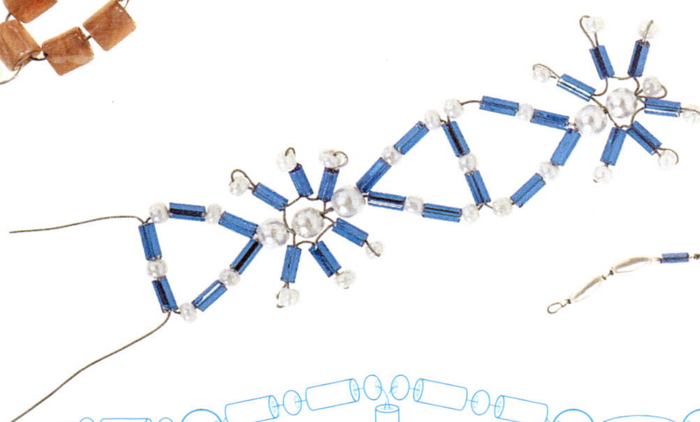

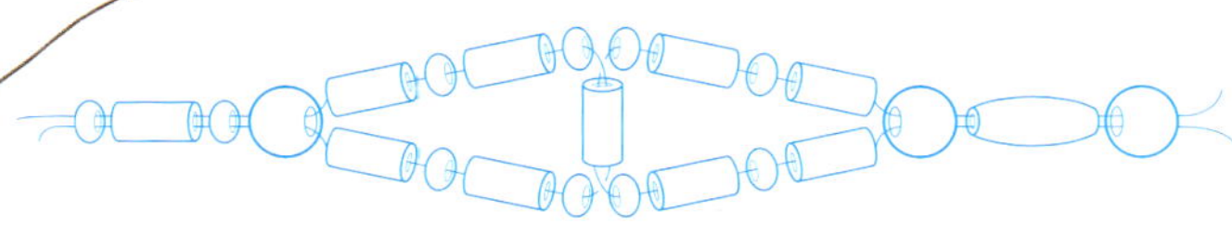

16 Céleste

- petits tubes bleu azur,
- petites et moyennes perles fines,
- navettes et rocailles nacrées,
- un fil de laiton nickelé d'un peu plus du double de la longueur désirée (un bon mètre ou plus),
- un fermoir argenté.

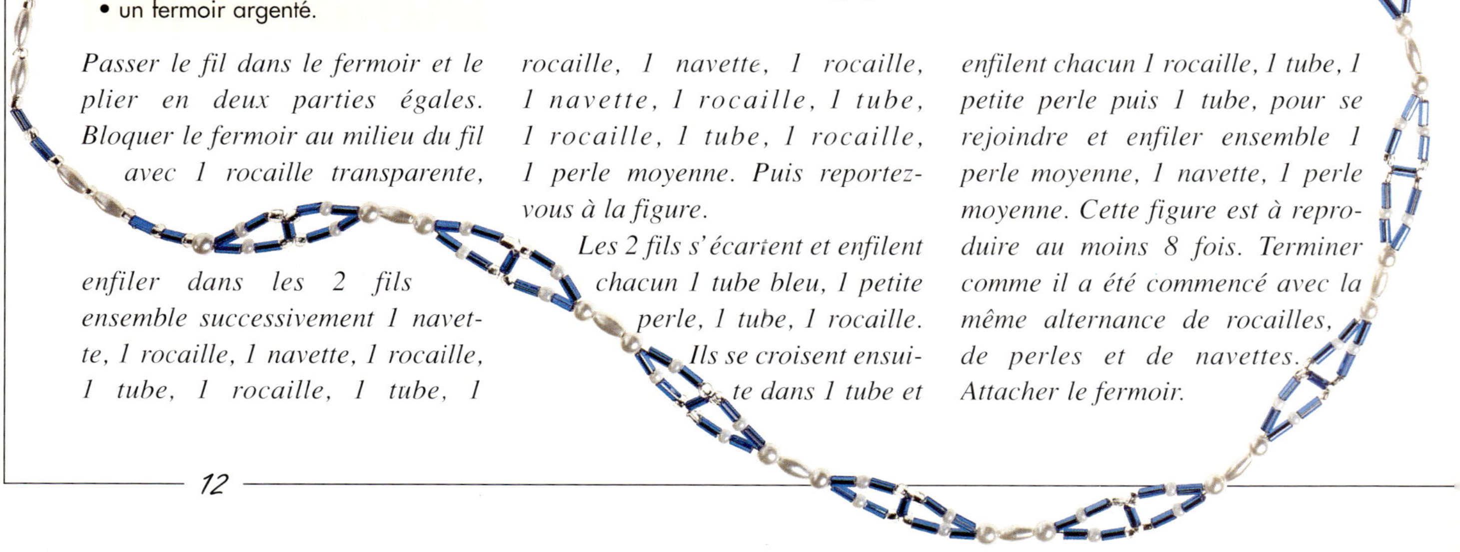

Passer le fil dans le fermoir et le plier en deux parties égales. Bloquer le fermoir au milieu du fil avec 1 rocaille transparente, enfiler dans les 2 fils ensemble successivement 1 navette, 1 rocaille, 1 navette, 1 rocaille, 1 tube, 1 rocaille, 1 tube, 1 rocaille, 1 navette, 1 rocaille, 1 navette, 1 rocaille, 1 tube, 1 rocaille, 1 tube, 1 rocaille, 1 perle moyenne. Puis reportez-vous à la figure.

Les 2 fils s'écartent et enfilent chacun 1 tube bleu, 1 petite perle, 1 tube, 1 rocaille. Ils se croisent ensuite dans 1 tube et enfilent chacun 1 rocaille, 1 tube, 1 petite perle puis 1 tube, pour se rejoindre et enfiler ensemble 1 perle moyenne, 1 navette, 1 perle moyenne. Cette figure est à reproduire au moins 8 fois. Terminer comme il a été commencé avec la même alternance de rocailles, de perles et de navettes. Attacher le fermoir.

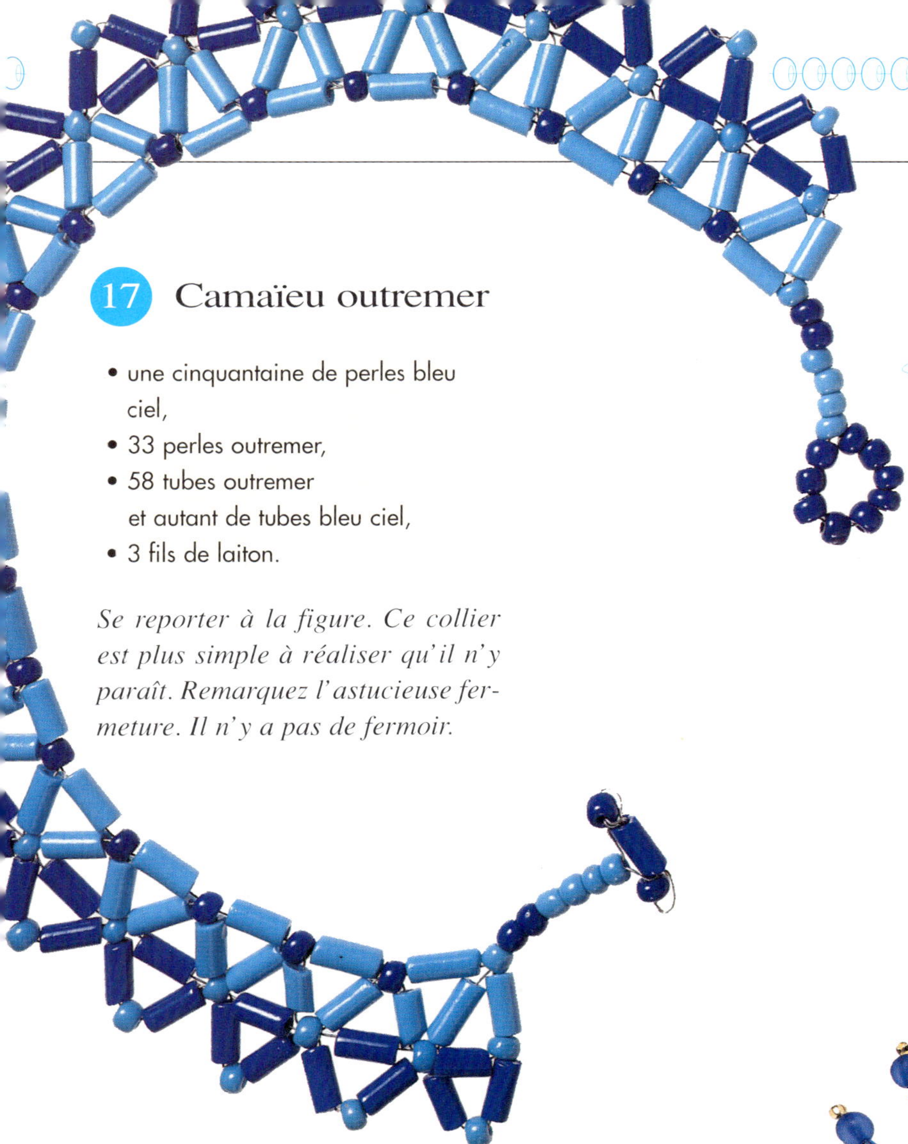

17 Camaïeu outremer

- une cinquantaine de perles bleu ciel,
- 33 perles outremer,
- 58 tubes outremer et autant de tubes bleu ciel,
- 3 fils de laiton.

Se reporter à la figure. Ce collier est plus simple à réaliser qu'il n'y paraît. Remarquez l'astucieuse fermeture. Il n'y a pas de fermoir.

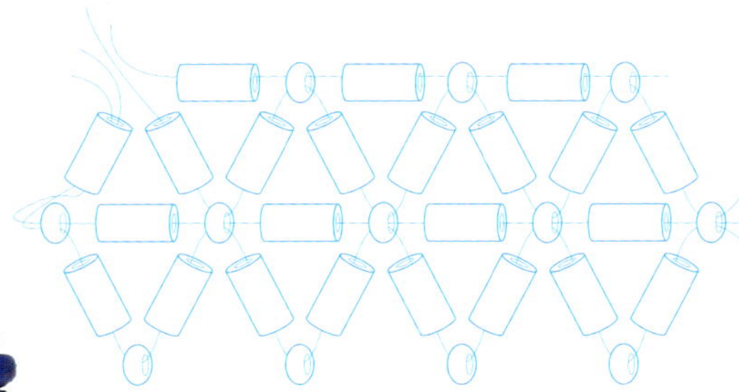

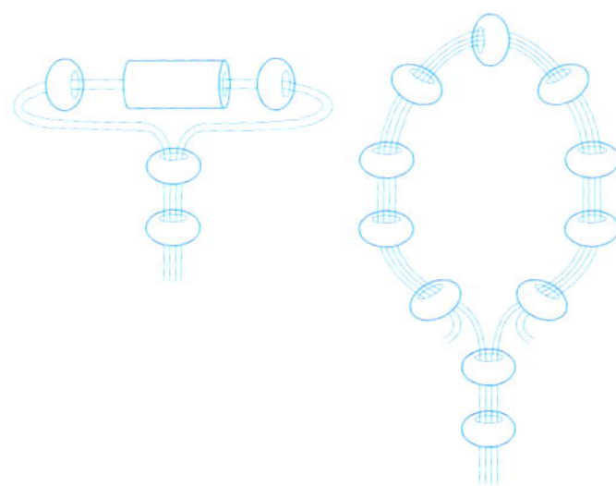

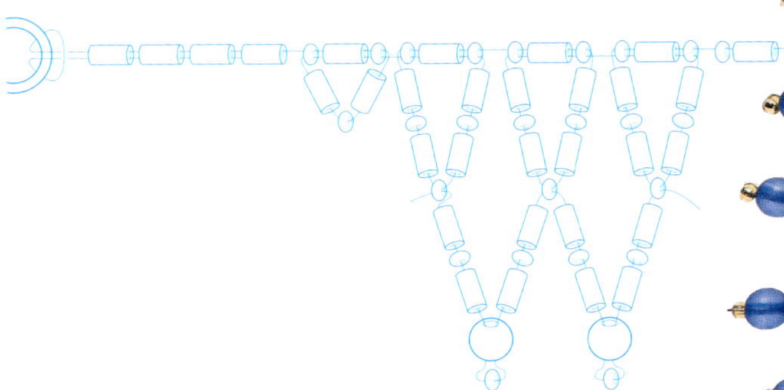

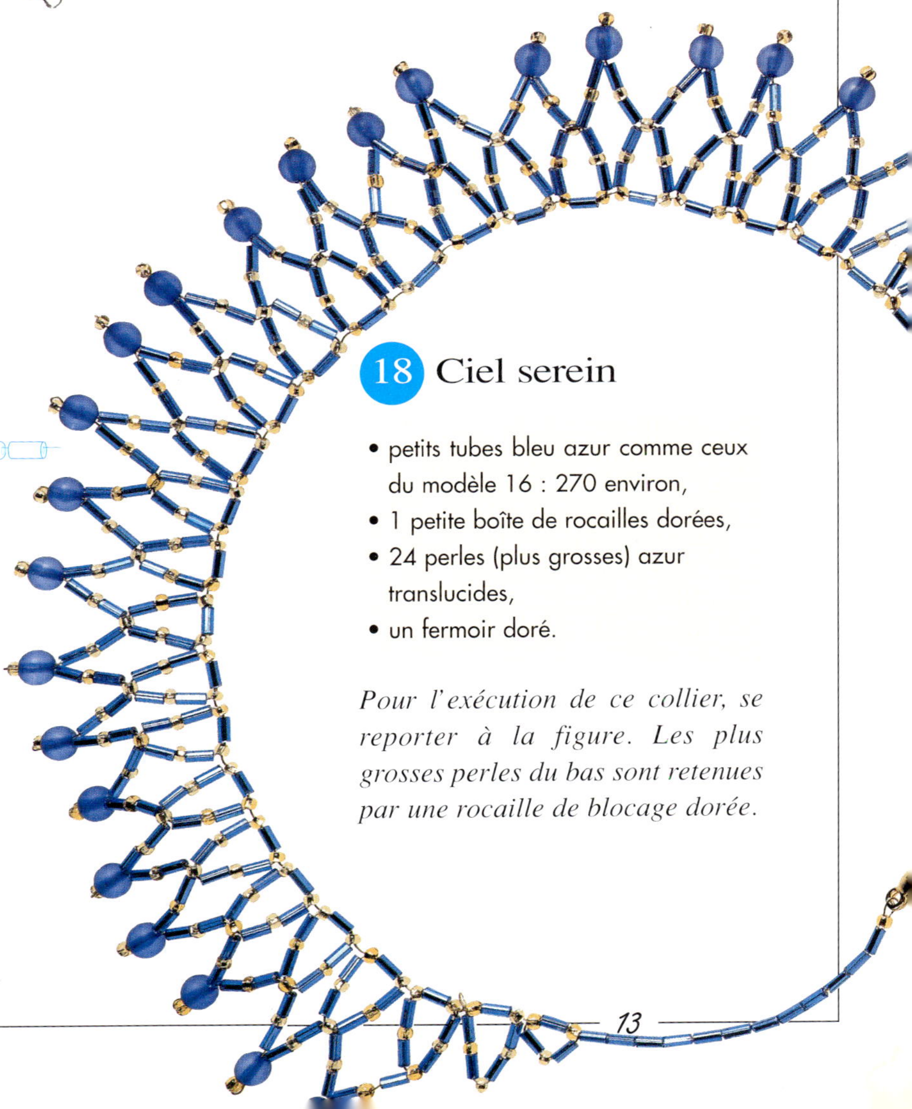

18 Ciel serein

- petits tubes bleu azur comme ceux du modèle 16 : 270 environ,
- 1 petite boîte de rocailles dorées,
- 24 perles (plus grosses) azur translucides,
- un fermoir doré.

Pour l'exécution de ce collier, se reporter à la figure. Les plus grosses perles du bas sont retenues par une rocaille de blocage dorée.

Technique du fil croisé

La technique est la même pour tous ces bracelets : enfiler le premier rang de rocailles au milieu du fil et croiser les deux fils obtenus dans tous les rangs suivants. Tous les rangs comptent le même nombre de perles. Pour chacun de ces petits bracelets plats, prévoir 160 à 200 cm de fil de laiton doré et une petite boîte de chaque couleur.

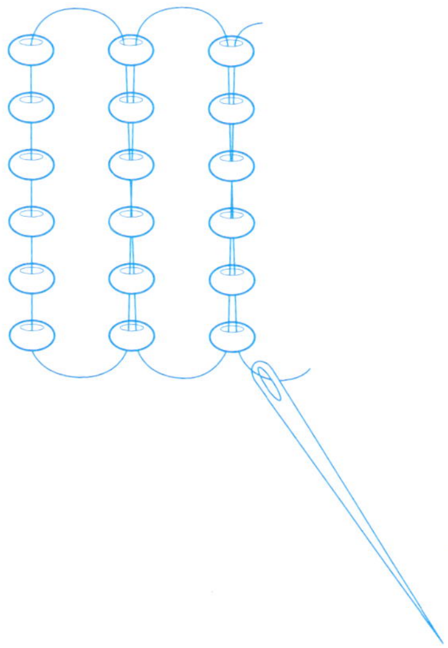

19 Damier

- rocailles bleues, rouges et or

Damier de tons fondus : bleu, or, rouge, tout en fines rocailles. Tous les rangs comptent 9 rocailles. ***1er et 2e rangs*** *: 3 rouges, 3 bleues, 3 rouges,* ***3e et 4e rangs*** *: 3 or, 3 rouges, 3 or.* ***5e et 6e rangs*** *: 3 bleues, 3 or, 3 bleues. Continuer en reprenant le 1er rang jusqu'à obtenir la longueur désirée pour le poignet (environ 17 à 21 cm). Attacher le fermoir en veillant à le placer au milieu de la largeur du bracelet.*

N.B. : prendre soin de laisser libre le fonctionnement du fermoir. Si une rocaille s'est placée sous le poussoir, cassez-la avec la pince.

20 Arc-en-ciel

- rocailles rouges, orange, jaunes, vertes, bleu, indigo et violettes.

Même technique avec, pour chaque rang, les 7 couleurs de l'arc-en-ciel. Enfiler donc les 7 rocailles de couleur en les décalant ainsi :

1er rang	***2e rang***	***3e rang***	***4e rang***	***5e rang***	***6e rang***	***7e rang***
rouge	*orange*	*jaune*	*vert*	*bleu*	*indigo*	*violet*
orange	*jaune*	*vert*	*bleu*	*indigo*	*violet*	*rouge*
jaune	*vert*	*bleu*	*indigo*	*violet*	*rouge*	*orange*
vert	*bleu*	*indigo*	*violet*	*rouge*	*orange*	*jaune*
bleu	*indigo*	*violet*	*rouge*	*orange*	*jaune*	*vert*
indigo	*violet*	*rouge*	*orange*	*jaune*	*vert*	*bleu*
violet	*rouge*	*orange*	*jaune*	*vert*	*bleu*	*indigo*

Comme le montre ce modèle, on peut décaler toutes les couleurs dans le même sens, on obtient alors une série d'arcs-en-ciel parallèles. En changeant le sens du décalage des couleurs, on obtient des arcs-en-ciel en chevrons. La fermeture est la même que pour le bracelet précédent.

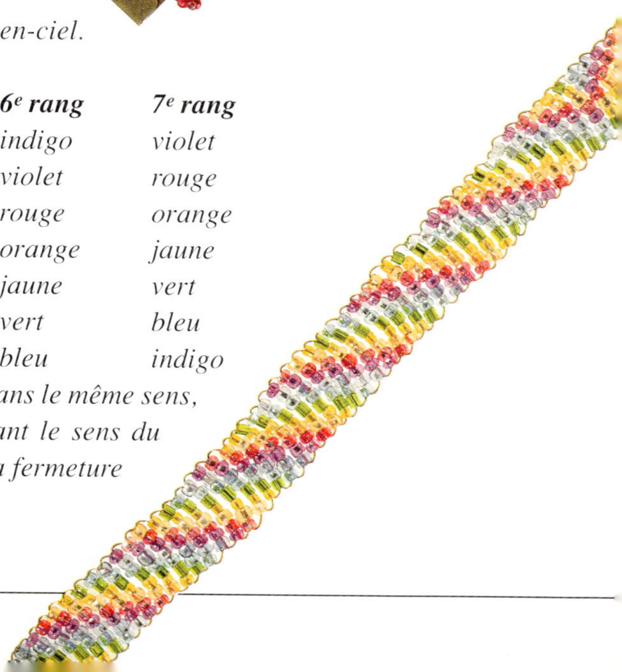

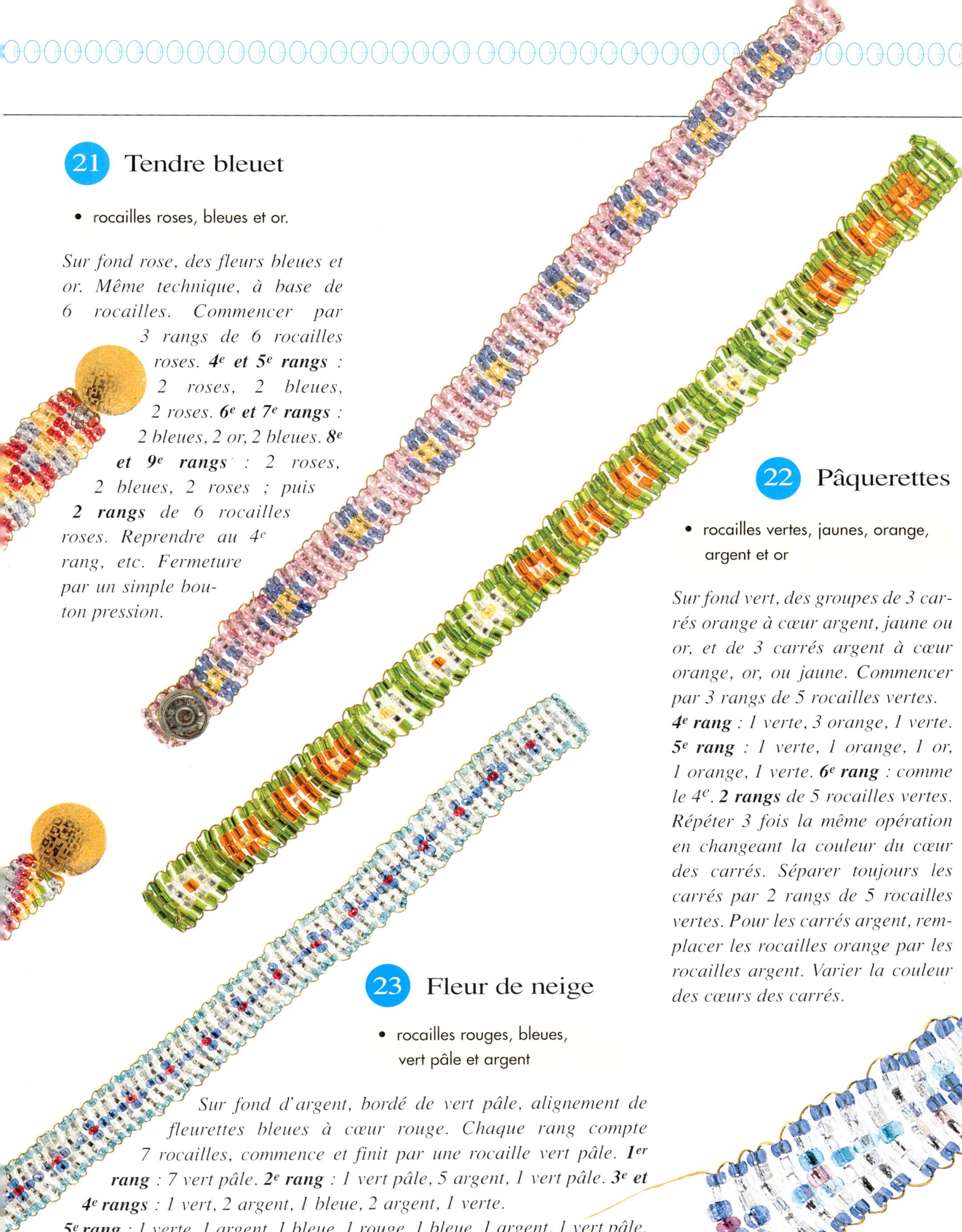

21 Tendre bleuet

- rocailles roses, bleues et or.

Sur fond rose, des fleurs bleues et or. Même technique, à base de 6 rocailles. Commencer par 3 rangs de 6 rocailles roses. ***4e et 5e rangs*** *: 2 roses, 2 bleues, 2 roses.* ***6e et 7e rangs*** *: 2 bleues, 2 or, 2 bleues.* ***8e et 9e rangs*** *: 2 roses, 2 bleues, 2 roses ; puis* ***2 rangs*** *de 6 rocailles roses. Reprendre au 4e rang, etc. Fermeture par un simple bouton pression.*

22 Pâquerettes

- rocailles vertes, jaunes, orange, argent et or

Sur fond vert, des groupes de 3 carrés orange à cœur argent, jaune ou or, et de 3 carrés argent à cœur orange, or, ou jaune. Commencer par 3 rangs de 5 rocailles vertes. ***4e rang*** *: 1 verte, 3 orange, 1 verte.* ***5e rang*** *: 1 verte, 1 orange, 1 or, 1 orange, 1 verte.* ***6e rang*** *: comme le 4e.* ***2 rangs*** *de 5 rocailles vertes. Répéter 3 fois la même opération en changeant la couleur du cœur des carrés. Séparer toujours les carrés par 2 rangs de 5 rocailles vertes. Pour les carrés argent, remplacer les rocailles orange par les rocailles argent. Varier la couleur des cœurs des carrés.*

23 Fleur de neige

- rocailles rouges, bleues, vert pâle et argent

Sur fond d'argent, bordé de vert pâle, alignement de fleurettes bleues à cœur rouge. Chaque rang compte 7 rocailles, commence et finit par une rocaille vert pâle. ***1er rang*** *: 7 vert pâle.* ***2e rang*** *: 1 vert pâle, 5 argent, 1 vert pâle.* ***3e et 4e rangs*** *: 1 vert, 2 argent, 1 bleue, 2 argent, 1 verte.* ***5e rang*** *: 1 verte, 1 argent, 1 bleue, 1 rouge, 1 bleue, 1 argent, 1 vert pâle. Ensuite* ***3 rangs*** *comme les 3e et 4e rangs et reprendre à partir du 5e rang. Terminer par un rang vert. Poser la fermeture.*

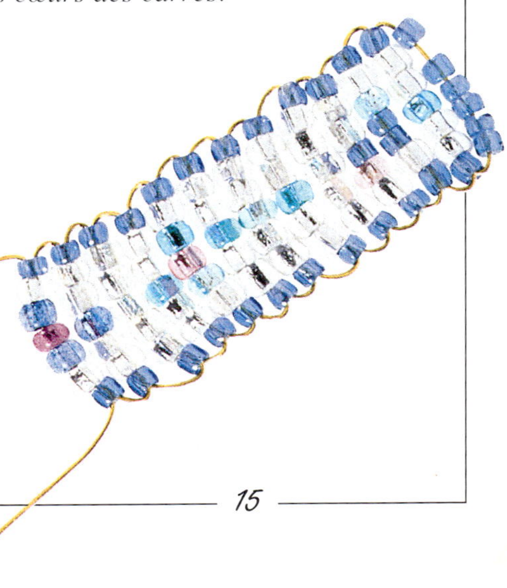

Technique enfilage simple

24 Nuit azurée

assorties au collier n° 9

Matériel pour 1 boucle :

- 8 perles jaunes,
- 5 perles bleues,
- 8 tubes bleus,
- 1 boucle à anneau,
- 20 cm de fil de lin noir.

Très facile. Enfiler l'anneau, 1 perle bleue, 1 tube bleu, 1 perle jaune, 1 tube bleu, 1 perle jaune, 1 perle bleue de blocage. Remonter tout l'enfilage y compris l'anneau. Répéter l'opération 3 fois. À la dernière remontée à l'anneau, nouer très serré avec le fil de départ.

Au début du travail, coincer le fil dans une pince à linge pour qu'il ne sorte pas de l'anneau.

Technique du fil croisé

25 Baroque

assorties au collier n° 14

Matériel pour 1 boucle :

- 28 perles vertes,
- 40 rocailles or,
- 6 rocailles vertes,
- 14 petits tubes roses,
- 1 boucle à anneau,
- du fil de laiton doré.

Enfiler la boucle au milieu du fil, croiser les 2 extrémités du fil dans une perle verte, enfiler 2 rocailles dans chaque fil, croiser les fils dans 2 perles vertes. Continuer ainsi en augmentant à chaque tour d'1 perle verte jusqu'à 6 perles. Travailler les 2 fils séparément : 2 rocailles or, 1 tube rose, 1 rocaille de blocage, repasser par le tube. Enfiler 1 rocaille, 6 perles. Effectuer le même travail avec l'autre fil. Les fils ressortent avant la dernière perle du 7e rang. Laisser un peu de jeu entre les perles pour continuer le travail. Enfiler 1 tube, 1 rocaille, 1 tube, 1 rocaille de blocage, repasser le fil jusqu'à son départ, enfiler la perle verte suivante. Effectuer ce travail 2 fois à gauche, 2 fois à droite. Les fils sortent alors de part et d'autre de la perle centrale. Arrêter le fil le plus court en le passant dans les 4 perles vertes qu'il rencontre et 3 rocailles. Le plus long forme le pendentif ovale en enfilant 1 rocaille or, 1 rocaille verte, 1 tube, 1 rocaille verte, 1 tube, 1 rocaille verte, 1 rocaille or et ceci 2 fois. Arrêter le fil en le passant dans 4 perles vertes et 3 rocailles or. Couper les fils.

Usage des clous

L'utilisation du clou, en particulier pour les boucles d'oreilles, est pratique et rapide. Les clous se présentent en plusieurs longueurs mais nous utiliserons des clous de 5 cm. Ils comportent soit une tête plate, soit un petit anneau. Ils sont très malléables à la pince et peuvent se courber facilement pour former un cercle. Leurs extrémités peuvent se recourber pour bloquer les perles d'un clou droit.

26 Baroque II

assorties au collier n° 14

Matériel pour 1 boucle :

- 3 clous à tête plate,
- 1 clou à anneau,
- 1 boucle à anneau
- 20 perles vertes,
- 12 petits tubes roses,
- 21 rocailles dorées.

Préparer 3 clous à tête plate en enfilant, à la suite, 1 perle verte, 1 rocaille, 1 tube, 1 rocaille, 1 perle verte, 1 rocaille, 1 tube, 1 rocaille, 1 perle verte, 1 rocaille, 1 tube, 1 rocaille, 1 perle verte, 1 rocaille, 1 tube. Recourber à la pince l'extrémité du clou pour former un rond fermé.

À l'aide de la pince, arrondir le clou à anneau. Enfiler à la suite 2 perles vertes, 1 clou préparé, 2 perles vertes, 1 clou, 2 perles, 1 clou, 2 perles, l'anneau de la boucle. Recourber l'extrémité du clou sur son anneau. Fermer.

27 Céleste

assorties au collier n° 16

Matériel pour 1 boucle :

- 3 clous à tête plate
- 1 clou à anneau
- 1 boucle à anneau
- 3 navettes
- 7 « perles fines » moyennes,
- 15 « perles fines » petites,
- 15 petits tubes azur.

Préparer 3 clous à tête plate de la façon suivante : enfiler à la suite 1 navette, 1 perle moyenne, et 5 fois 1 tube, 1 petite perle, recourber à la pince l'extrémité du clou pour former un rond fermé. Former un cercle avec le clou à anneau, enfiler l'anneau de la boucle, 1 perle moyenne, 1 clou préparé, 1 perle moyenne, 1 clou préparé, 1 perle moyenne, 1 clou préparé et la dernière perle moyenne. Fermer le cercle en recourbant l'extrémité du clou sur son propre anneau.

28 Miroir de Cléopâtre

- fil de perlon bleu roi,
- 1 cuillère en bois,
- 1 glace ovale ou rectangulaire,
- colle,
- 80 petites épingles dorées,
- 1 boîte de rocailles bleu roi,
- 1 boîte de perles bleu roi,
- 30 rocailles dorées.

Enfiler sur 80 petites épingles dorées 9 rocailles bleu roi. Enfiler sur du fil de perlon les 80 petites épingles pour les coller plus facilement sur la glace. Coller la glace au dos de la cuillère en bois. Avec environ 140 perles bleu roi, constituer le manche de la glace. On peut alterner des perles dorées entre les perles bleues. Enfiler les perles sur le fil de perlon, les coller par rangées sur le manche de la cuillère. Bien placer le tout et laisser sécher. N.B. : il n'est pas nécessaire de détendre les petites épingles pour y enfiler les rocailles.

29 Broche

- tamis rond,
- 15 rocailles bleues,
- 12 rocailles jaunes,
- 7 rocailles orange,
- 5 rocailles mauves,
- 1 rocaille bleu ciel.

Commencer par le cercle extérieur. La perle du centre terminera le travail en formant un monticule.

30 Résille

- 4 tubes et des perles rouges,
- fil de laiton ou de lin.

Fond : 4 tubes rouges et 4 perles rouges.
1er cercle : 22 perles avec le fil de gauche en tournant dans le sens des aiguilles d'une montre.
2e cercle : 7 arceaux de 6 perles.
3e cercle : 7 arceaux de 10 perles.
4e cercle : 7 arceaux de 7 perles alternés avec 7 arceaux de 3 perles.
5e cercle : 14 arceaux de 4 perles.

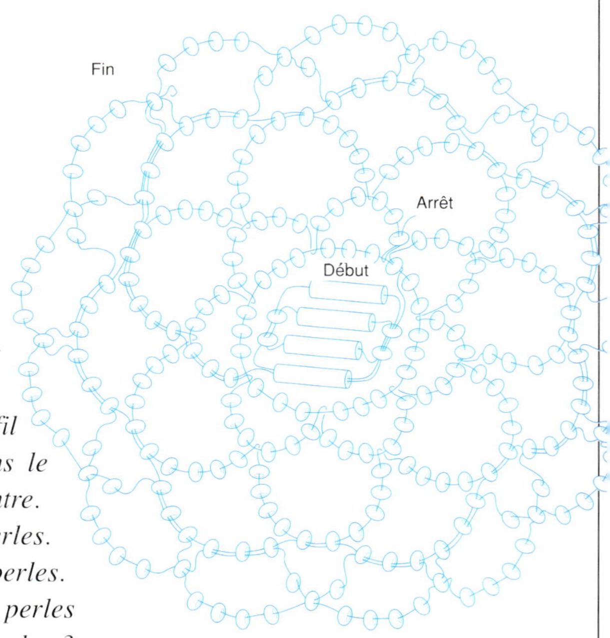

Les chapeaux

31 Chapeau à fleurs

- 20 rocailles dorées,
- 7 à 10 rocailles rouges,
- une trentaine de rocailles roses,
- des rocailles vertes pour faire le tour du chapeau,
- 5 feuilles vertes,
- fil de laiton doré,
- un mince ruban de satin fuchsia à coller autour du chapeau,
- fil de lin blanc.

Enfiler les perles dorées de la tige (la 1re perle étant une perle de blocage) et disposer les fleurs roses à cœur rouge dès la 15e rocaille dorée. Composer les fleurs comme le buisson fleuri (voir page 22). Enfiler les rocailles vertes pour faire le tour du chapeau en intercalant les feuilles groupées à la base de la tige. Si vous ne disposez pas de feuilles vertes, vous pouvez former les feuilles en utilisant les rocailles vertes de la même façon que pour les fleurs en variant la forme qui sera allongée plutôt que ronde. Coudre le tout autour du chapeau avec quelques points au fil de lin blanc.

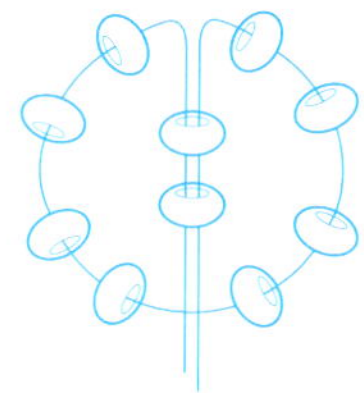

32 Chapeau à étoiles bleues et perles fines argent

- fil de laiton nickelé,
- 12 perles fines moyennes,
- 40 petites perles fines,
- 40 rocailles argent,
- 56 petits tubes azur,
- 4 navettes,
- un mince ruban de satin bleu assorti, à coller autour du chapeau,
- fil de lin blanc.

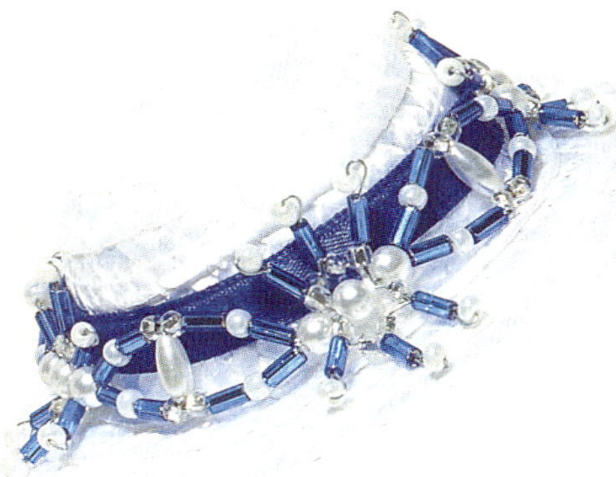

Pour l'exécution, suivre le schéma. Les rocailles d'argent se groupent autour de la perle centrale de l'étoile et aux extrémités des navettes. Les 4 étoiles alternent avec les triangles intercalaires. Coudre le tout autour du chapeau avec quelques points au fil de lin blanc.

33 Chapeau au raisin d'automne

- 60 rocailles roses,
- 120 rocailles violettes,
- une douzaine de rocailles dorées,
- 3 feuilles vertes,
- 15 ou 16 perles bleues translucides,
- petite rocaille d'arrêt brune ou noire,
- un mince ruban de satin pourpre à coller autour du chapeau,
- laiton doré,
- fil de lin blanc.

Grappe

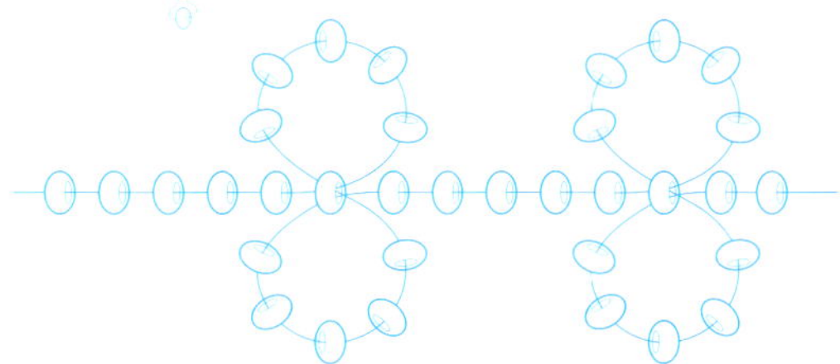

Former 12 petites fleurs violettes à cœur d'or séparées entre elles par 5 rocailles roses. Former la grappe de raisin. Attacher les 3 feuilles à la base de la grappe. Coudre le tout autour du chapeau avec quelques points au fil de lin blanc.

Les papillons

Technique enfilage simple

34 Papillon vert et noir

- environ 160 petits tubes verts,
- environ 40 petits tubes noirs,
- une vingtaine de rocailles dorées,
- fil de laiton doré.

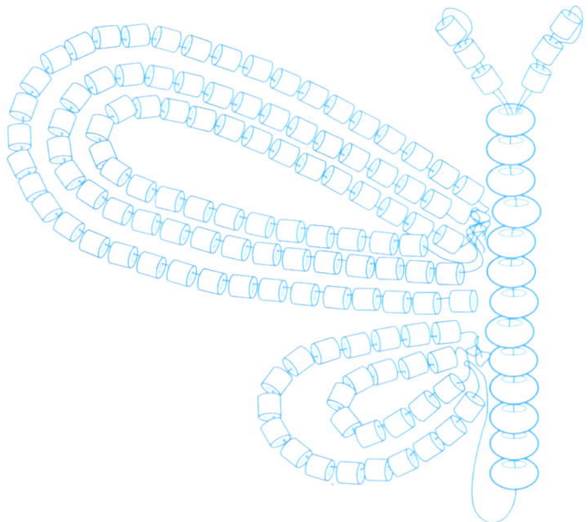

Grandes ailes

3 rangs concentriques de forme ovale alternant vert et noir.

Petites ailes

Peu importe le nombre de tubes utilisés, l'important est que les rangs s'inscrivent bien les uns dans les autres.

Technique du fil croisé décroissant

35 Léger papillon

- rocailles de votre choix,
- fil de laiton doré.

Procéder comme pour les bracelets plats (pages 14-15), en enfilant au milieu du fil l'extérieur des ailes. Croiser le fil en diminuant jusqu'au corps. Solidariser les ailes. Former les antennes, le corps et la queue comme pour le papillon vert et noir.

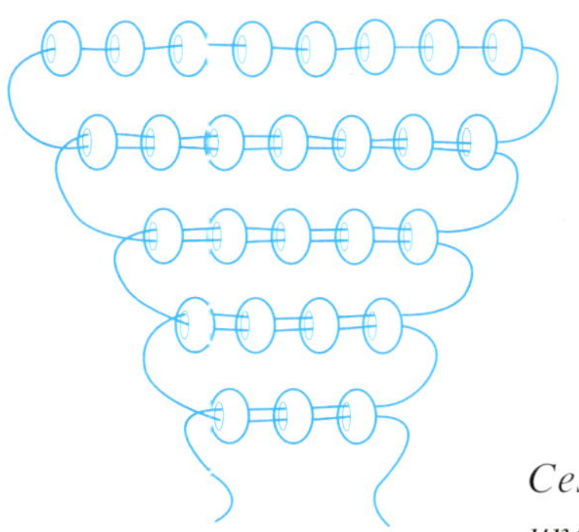

Ces papillons peuvent s'attacher à une épingle à 1 ou 2 trous pour former de très jolies broches.

Technique du fil croisé asymétrique

36 Papillon bleu

- fil de laiton doré (à prévoir assez long : environ 40 cm),
- rocailles bleu foncé irisées pour les contours (environ 85),
- rocailles bleu myosotis pour l'intérieur des ailes (environ 90),
- 7 rocailles dorées pour le corps
- 6 à 8 rocailles brunes pour les antennes.

Les ailes

Elles se fabriquent sur le principe des fils croisés en respectant l'asymétrie du sujet. Suivre le schéma en réservant toutes les rocailles foncées pour les contours y compris les « rocailles flottantes ».
Commencer par placer au milieu du fil 11 rocailles foncées puis croiser les fils dans 10 rocailles myosotis.
Suivre le schéma.
Faire 2 ailes identiques à solidariser entre elles comme pour les autres papillons.
Cacher la jointure avec le corps, former les antennes.

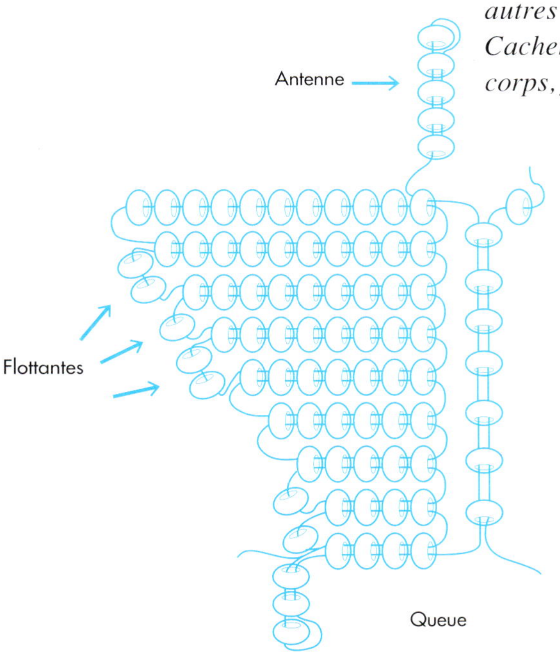

1er rang : 11 rocailles foncées
2e rang : 10 rocailles claires
3e rang : 2 rocailles foncées « flottantes » + 9 rocailles claires
4e rang : 1 foncée « flottante » + 8 claires
5e rang : 2 foncées « flottantes » + 7 claires
6e rang : 2 foncées + 4 claires
7e rang : 2 foncées + 3 claires
8e rang : 1 foncée « flottante »
1 foncée + 3 claires
9e rang : 1 foncée « flottante »
3 foncées de queue + 4 foncées

37 Buisson fleuri

Pour 50 fleurs :
- 50 perles facettées blanches,
- 300 perles facettées saumon.

Pour 20 feuilles :
- 20 rocailles vertes,
- 40 tubes verts.

Pour les tiges et le tronc :
- fil de laiton doré.

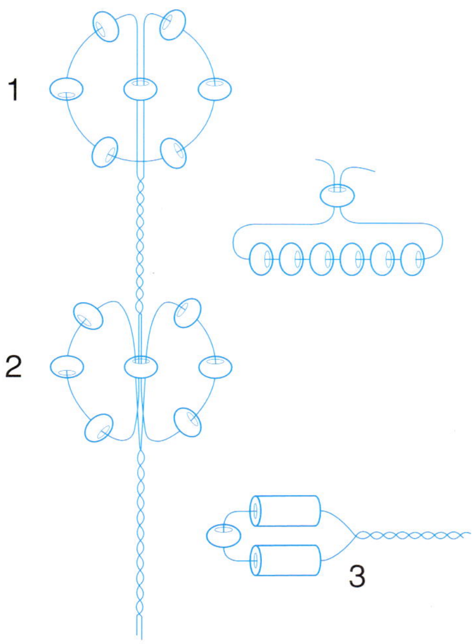

Commencer par l'extrémité des branches, ***la 1re fleur (1).*** *Enfiler 6 perles saumon au milieu d'un long fil. Rapprocher les extrémités du fil, enfiler une perle blanche sur les 2 fils. Serrer. Les perles saumon se mettent en cercle. Faire pivoter les 6 perles saumon autour du cœur blanc, passer un fil au-dessus, l'autre en dessous du fil rencontré. Enrouler les 2 fils ensemble sur 1/2 cm pour former la branche. Pour* ***les autres fleurs (2)*** *: enfiler 1 perle blanche sur 2 fils, écarter les 2 fils, enfiler 3 perles de chaque côté, enfiler la perle blanche à nouveau dans le même sens que la 1re fois. Les perles saumon se placent en corolle autour de la perle blanche. Enrouler les 2 fils ensemble. Toutes les autres fleurs se confectionnent de la même manière. Former de temps en temps une* ***feuille*** *verte* ***(3)*** *en enfilant 1 tube vert, 1 rocaille, 1 tube et enrouler les 2 fils. Former une dizaine de branches sur le même principe en veillant toutefois à laisser assez de fil de laiton libre pour le tronc et les racines. Lorsque le nombre de branches paraît suffisant, enrouler ensemble tous les fils de laiton pour former un tronc solide. Écarter le reste des fils en croix pour donner de la stabilité à l'arbre. Équilibrer les branches pour que l'arbre tienne debout.*

38 Arbre à sucre

- environ 70 crémettes satinées ressemblant à des morceaux de sucre de différentes couleurs,
- fil de laiton nickelé.

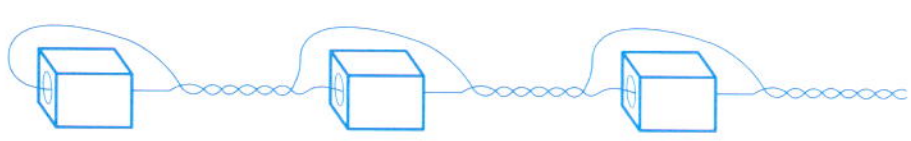

Procéder selon le schéma en plaçant au centre d'un long fil la première crémette. Rassembler les 2 bouts du fil autour de cette perle et les enrouler sur eux-mêmes sur 1 à 1,5 cm. Enfiler une autre perle sur un fil, passer l'autre par l'extérieur pour les faire se rejoindre. Enrouler à nouveau et ainsi de suite pour former une quinzaine de branches de 6 à 10 cm de long, en prévoyant assez de fil pour former le tronc et les racines comme pour le buisson fleuri.

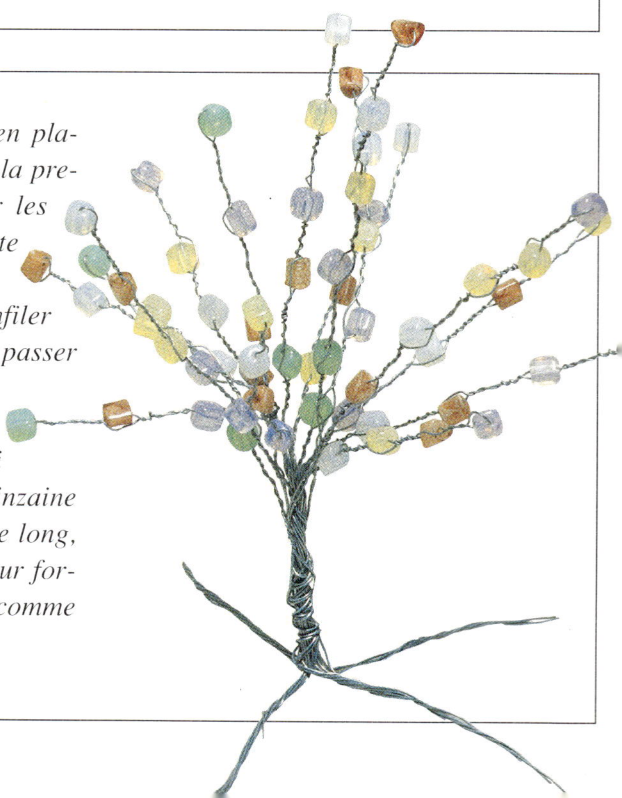

39 Bonsaï

- rocailles dorées,
- petits tubes bleus (5 mm),
- fil de laiton doré.

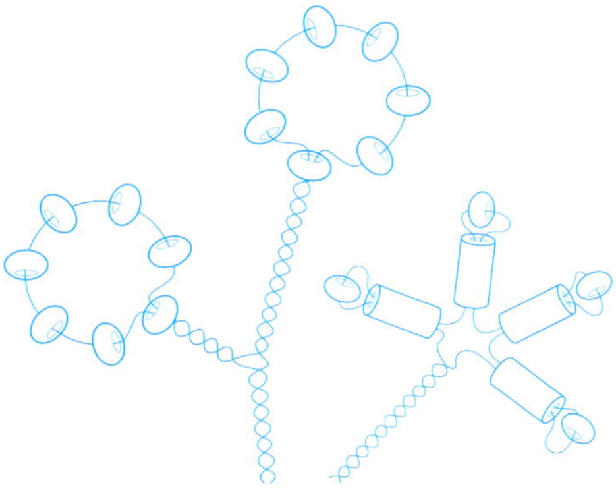

Former des petites feuilles avec 7 à 12 rocailles dorées par enfilage simple, au milieu du long fil. Enrouler les fils ensemble pour fermer la feuille et continuer à enrouler sur 1/2 cm pour la tige. Renouveler cette opération avec un fil puis avec l'autre. Alterner les feuilles avec ces étranges fleurs bleues composées de 3 à 6 tubes et autant de rocailles dorées de blocage. Rassembler les branches pour le tronc et former les racines qui peuvent s'attacher à un coquillage ou à un caillou.

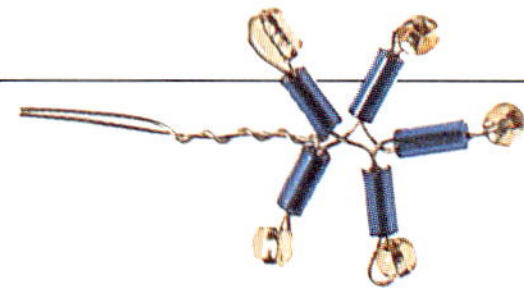

40 Arbre de Noël

- 130 perles brillantes de toutes les couleurs,
- 37 rocailles dorées,
- 132 tubes verts,
- fil de laiton doré,
- 4 grands crampons à vis pour le pied.

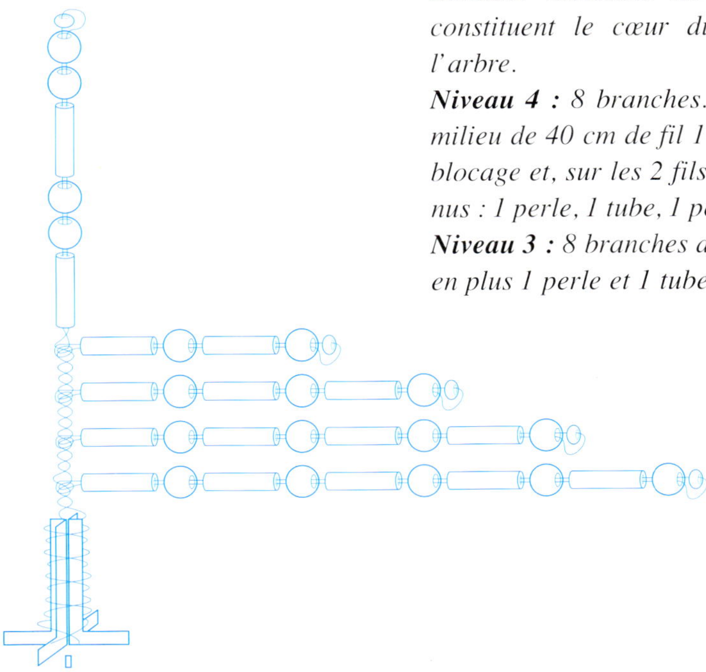

L'arbre se compose de 4 niveaux et d'une partie verticale.
Commencer par la partie verticale. Prévoir un long fil (au moins 40 cm).
Enfiler en son milieu 1 rocaille de blocage et, sur les 2 fils ainsi obtenus : 2 perles, 1 tube, 2 perles, 1 tube.
Enrouler ensemble les 2 fils qui constituent le cœur du tronc de l'arbre.
***Niveau 4 :** 8 branches. Enfiler au milieu de 40 cm de fil 1 rocaille de blocage et, sur les 2 fils ainsi obtenus : 1 perle, 1 tube, 1 perle, 1 tube.*
***Niveau 3 :** 8 branches avec en plus 1 perle et 1 tube.*
***Niveau 2 :** 10 branches avec en plus 1 perle et 1 tube.*
***Niveau 1 :** 10 branches avec en plus 1 perle et 1 tube.*
Enrouler ces 74 fils autour de 4 crampons à vis disposés en étoile pour donner un socle solide à l'arbre de Noël.

41 Les myosotis

- rocailles bleues, roses, vertes et or,
- fil de laiton nickelé.

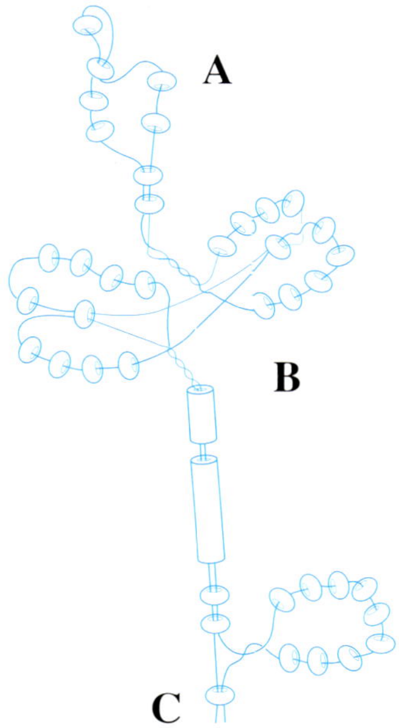

Commencer par les boutons. Enfiler au milieu du fil une rocaille mauve (pour les myosotis bleus et roses) ou une verte (pour le myosotis argent), en blocage. Passer les 2 fils ensemble dans 1 rocaille mauve ou verte puis, séparément, dans 2 ou 3 rocailles mauves ou vertes. Tourner les 2 fils ensemble (schéma A).
Ensuite former des fleurs de rocailles, comme pour le buisson fleuri (page 22 et schéma B) et des feuilles vertes (voir le bonsaï, page 23, et le schéma C).
Enrouler les fils ensemble très serré pour grouper les fleurs. Celles-ci sont séparées par 2 ou 3 rocailles vertes. Séparer les feuilles de 2 ou 3 cm de rocaille verte pour la tige.
Pour l'exécution de chaque fleur ou feuille, utiliser toujours le fil le plus long pour éviter de n'avoir plus qu'un fil en fin de travail.

42 Jonquille

- 1 boîte de fines rocailles jaunes pour les pétales,
- 1 boîte de fines rocailles dorées pour le calice,
- 9 rocailles rouges pour les pistils,
- fil de laiton doré.

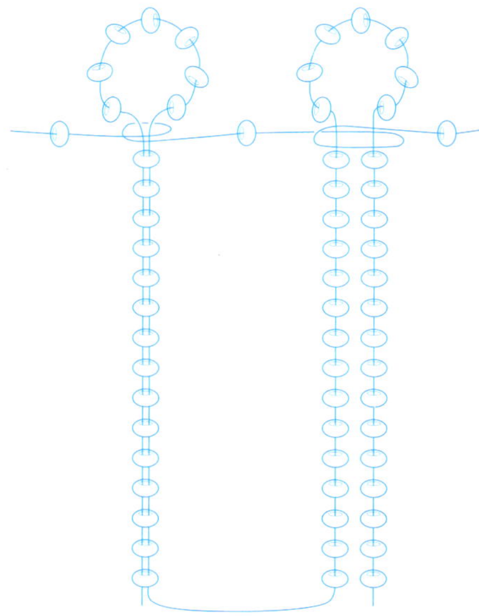

43 Muscari

- fines rocailles bleu roi pour la fleur,
- fines rocailles vertes pour les feuilles,
- perles turquoise facettées pour la tige,
- tubes et perles vertes pour la base,
- fil de laiton doré.

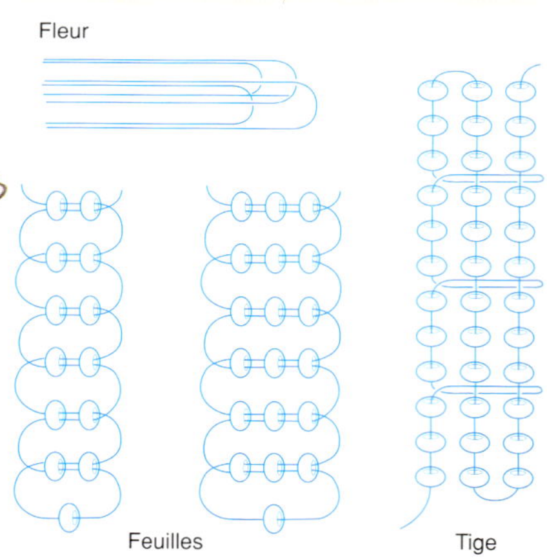

Pétales : *avec les rocailles jaunes , faire 14 rangs en utilisant la technique du fil croisé. Les rangs comportent successivement 1/4/5/5/8/9 /9/9/9/9/6/5/5 rocailles. Fabriquer 6 pétales identiques, les assembler en étoile horizontale.* ***Calice :*** *composé de 10 éléments de même hauteur avec, tantôt un rang vertical, tantôt deux. Pour un rang vertical enfiler 16 perles, effectuer une boucle de 7 perles, repasser le fil dans les 16 premières perles. Pour 2 rangs*

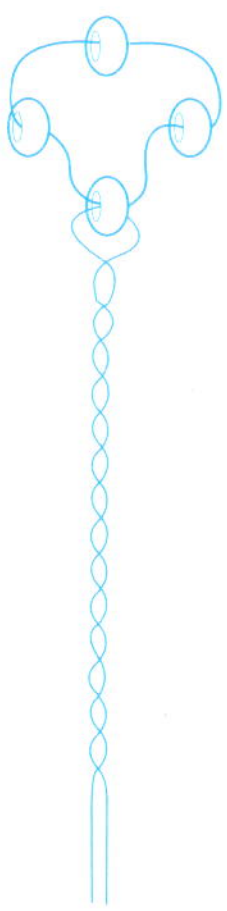

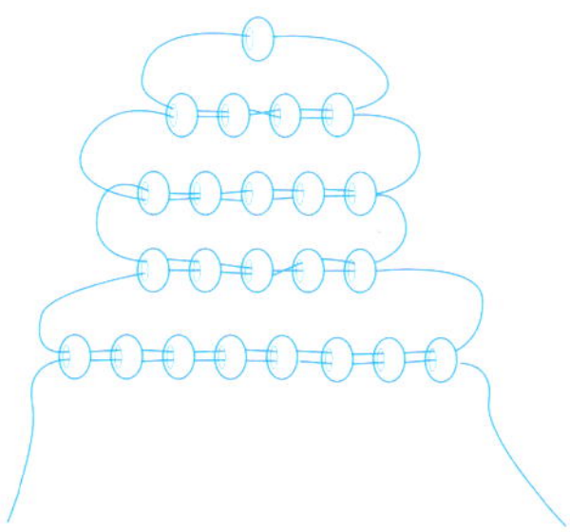

verticaux, après la boucle, passer le fil dans les 16 autres perles. Pour faciliter le travail dans le cas des 2 rangs verticaux, torsader les 7 perles du haut pour que se forme la petite boucle en attendant l'assemblage.

Assemblage : avec le fil de laiton, rassembler les 9 éléments du calice. Pour ce faire, tourner le fil autour de la base de la petite boucle, enfiler une rocaille, tourner autour de la boucle suivante, enfiler une rocaille et ainsi de suite, en prenant soin d'alterner les éléments à 1 et à 2 rangs. Arrêter le fil de laiton en l'enroulant serré sur lui-même ou en le faisant repasser dans 1 ou 2 rocailles en arrière. Couper. Solidariser pétales et calice. ***Les 3 pistils :*** *enfiler 3 rocailles rouges sur un fil un peu plus long que la hauteur du calice. Faire une boucle, torsader les fils ensemble et placer les pistils dans le calice.*

Tissage en rond et fil croisé

Tige : *3,5 cm de hauteur avec 36 perles vertes. La tige se construit par tissage en rond. Elle doit être très solide. Enfiler 24 perles. Plier en deux, enfiler 3 perles, puis enserrer les fils entre les perles 3 et 4, les perles 6 et 7 et les perles 9 et 10.*

Fleur : *5,5 cm de hauteur totale, 8 rangs de perles bleu roi. Tout ici est enfilage simple. Commencer par l'intérieur et enfiler 9 cm de perles puis plier en deux bien serré. Enfiler 10 cm de perles et plier sur l'enfilage précédent, 11 cm de perles et plier sur l'enfilage précédent, 12 cm de perles et plier sur l'enfilage précédent. Le haut de la fleur se solidarise ainsi : attacher la fleur à la tige en passant les fils de la fleur dans les perles de la tige.*

Feuilles : *en rocailles vertes, technique du fil croisé. Elles sont assez longues : la 1re de 8 cm, soit environ 30 rangs de 2 perles. La 2e de 7 cm, soit environ 25 rangs de 3 perles et la 3e, 5,5 cm, soit environ 20 rangs de 4 perles. Le 1er rang de chaque feuille étant dans les 3 cas de 1 perle.*

Socle : *composé de gros tubes et de perles vertes entrelacés en triangles pour garder en équilibre cette jolie fleur tout en hauteur. Les fils des feuilles et de la tige s'enracinent dans le socle.*

44 Petit mouton blanc

- perles facettées blanches pour le corps,
- une perle saumon pour le museau,
- 6 perles noires pour les yeux et les sabots,
- un long fil de laiton doré ou nickelé.

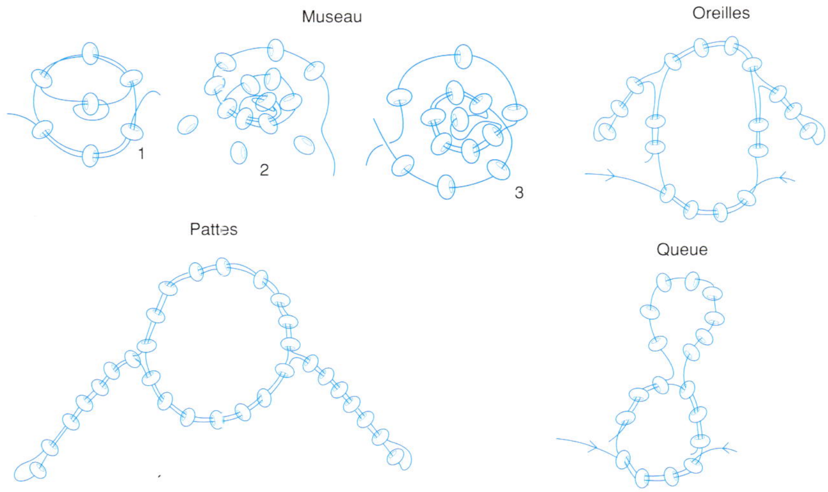

Commencer par bloquer la perle saumon du museau au milieu du fil. Faire se croiser les fils dans 3 perles blanches en haut et 3 perles blanches en bas. Serrer autour de la perle saumon.

2e et 3e rangs : *<u>le museau.</u>*

4e rang *: <u>les yeux.</u> Croiser les fils dans 3 perles en bas et 5 perles en haut en alternant 1 blanche, 1 noire, 1 blanche, 1 noire, 1 blanche.*

5e rang : *croiser les fils dans 3 perles en bas et 6 perles en haut.*

6e rang : *<u>les oreilles.</u> Croiser les fils dans 4 perles en bas puis enfiler 2 perles avec le fil de gauche puis, pour l'oreille : 3 perles, et repasser dans les 2 dernières perles enfilées (la 3e perle étant une perle de blocage). Procéder de la même façon à droite. Croiser ensuite les 2 fils dans 4 perles (pour le front) et continuer de croiser le fil dans les 2 perles sous les oreilles.*

7e rang : *croiser les fils dans 5 perles en bas et dans 10 perles en haut.*

8e rang : *<u>les pattes de devant.</u> Enfiler 6 perles blanches et 1 noire avec le fil de gauche, repasser dans les 6 perles blanches. Procéder de la même façon avec le fil de droite.*

Faire 4 rangs *en croisant les fils dans 7 perles en bas et 9 perles en haut.*

13e rang : *<u>les pattes de derrière.</u> Reproduire les mêmes pattes qu'au 8e rang mais amorcer la diminution en croisant les fils dans 6 perles en bas et 8 perles en haut.*

14e rang : *croiser les fils dans 6 perles en haut et 6 perles en bas.*

15e rang : *<u>la queue.</u> Croiser les fils dans 4 perles en bas. En haut, enfiler 14 perles avec un fil. Croiser l'autre dans les 3 premières et les 3 dernières perles. Serrer. La queue se forme avec 8 perles du milieu.*

Dernier rang : *croiser les fils dans 3 perles en bas et dans 4 perles en haut. Le cercle se resserre, il ne reste plus qu'à terminer avec une perle de blocage dans laquelle les fils se croisent deux fois.*

45 Chaise

- 11 tubes verts de 1 cm,
- 30 rocailles vertes,
- fil de laiton doré.

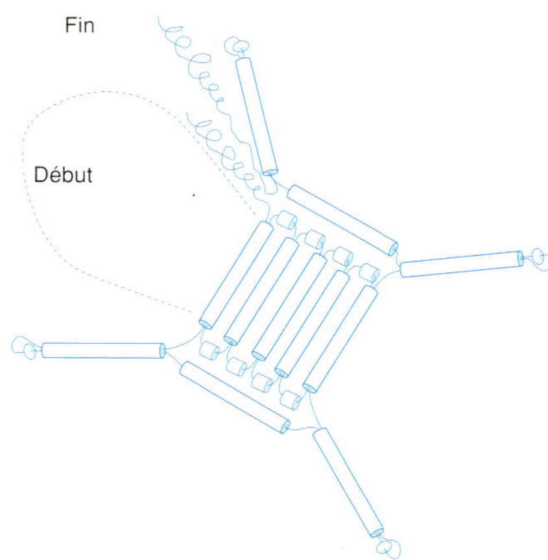

Commencer par les 20 rocailles du dossier à placer au milieu du fil et poursuivre en croisant les fils, en suivant le schéma.

46 Lanterne magique

- fermoir simple pour suspendre la lanterne,
- 2 perles vertes moyennes,
- 6 tubes verts de 3 cm,
- 24 tubes vert clair de 1 cm,
- 24 petites rocailles dorées,
- 3 fils de laiton doré de 1 m,
- 3 rocailles vertes et 3 rocailles blanches.

Pour la lampe :

- 1 grosse perle irisée,
- 1 perle blanche facettée (ou une rocaille blanche),
- fil de laiton nickelé.

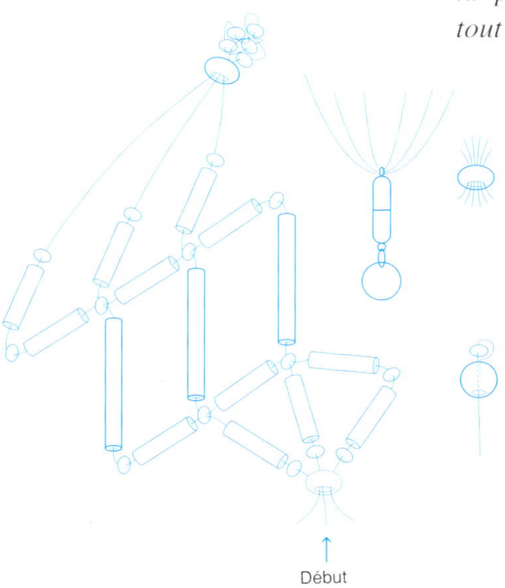

Enfiler les 3 fils de laiton doré dans la boucle du fermoir de façon à obtenir 6 fils de 50 cm. Passer les 6 fils dans une perle verte.
Enfiler sur chacun d'eux 1 rocaille, 1 petit tube, 1 rocaille, 1 petit tube. Passer dans la 2e rocaille du fil voisin et enfiler un long tube.
Continuer comme sur le schéma. Rassembler les 6 fils dans une perle verte et les arrêter en les passant dans les 6 petites rocailles vertes et blanches. Pour la lampe, bloquer la grosse perle irisée par la petite perle blanche. Fixer le tout dans la lanterne en passant le fil de laiton dans la perle verte du haut et en recourbant le fil.

47 Table

- 68 tubes verts de 1 cm,
- 5 tubes verts de 3 cm,
- 36 rocailles vertes,
- fil de laiton doré.

Enfiler un long tube au milieu d'un fil. A chaque bout enfiler 1 rocaille, 6 tubes de 1 cm. Repasser par la rocaille. Continuer de la même façon pour construire l'armature de la table. Exécuter le départ du plateau en faisant ressortir les 2 fils aux extrémités d'un long tube. Enfiler 2 petits tubes avec chacun des fils puis un grand tube avec les 2 fils dans le même sens. Enfiler 2 petits tubes séparément. Arrêter les fils en les passant dans la rocaille verte la plus proche et en les enroulant très serrés autour du laiton. Couper. Prendre un nouveau fil, le passer dans le dernier petit tube qui se place au milieu du fil. Enfiler de part et d'autre une rocaille verte, faire se croiser les fils dans un autre petit tube. Monter ainsi 9 tubes à gauche et 9 tubes à droite pour former le plateau.

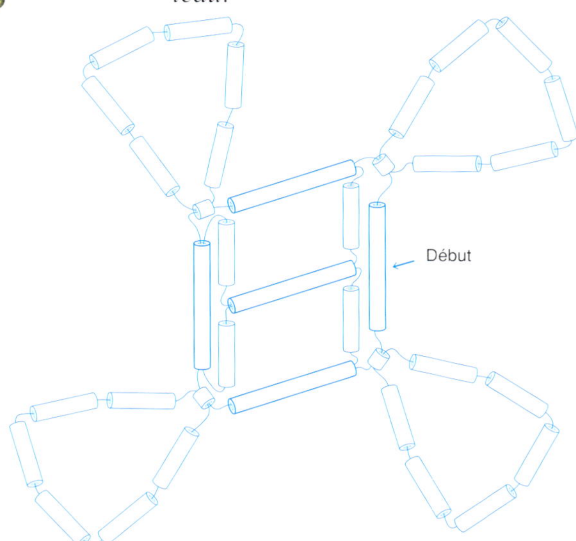

Bandeaux, ceintures, tours de cou, bracelets

Cette technique permet de réaliser toutes sortes de dessins géométriques en bandes. Il est conseillé d'utiliser les perles les plus régulières possible avec un trou assez grand pour passer l'aiguille enfilée deux fois dans la perle. Ne pas trop serrer les perles pour permettre au fil de passer pour relier les rangs entre eux. Vous obtiendrez des bandeaux, ceintures, tours de cou, et bracelets selon la longueur voulue.

48 Grecque

Utiliser des perles moyennes
Pour un motif :
- 40 perles orange pour les bords,
- 81 perles bleu clair,
- 109 perles bleu foncé,
- fil de lin blanc ou noir.

Les couleurs et les perles choisies s'harmonisent parfaitement avec le tissu de jean. Le motif est constitué de 19 rangs de 12 perles.
Travailler en suivant le schéma et reproduire le motif autant de fois qu'il est nécessaire pour obtenir la longueur désirée. La grecque peut également être utilisée en ceinture. Dans ce cas, la boucle étant plus importante que pour les bandeaux Claudia et Thomas, escamoter les 2 perles centrales d'un rang avec la même technique.

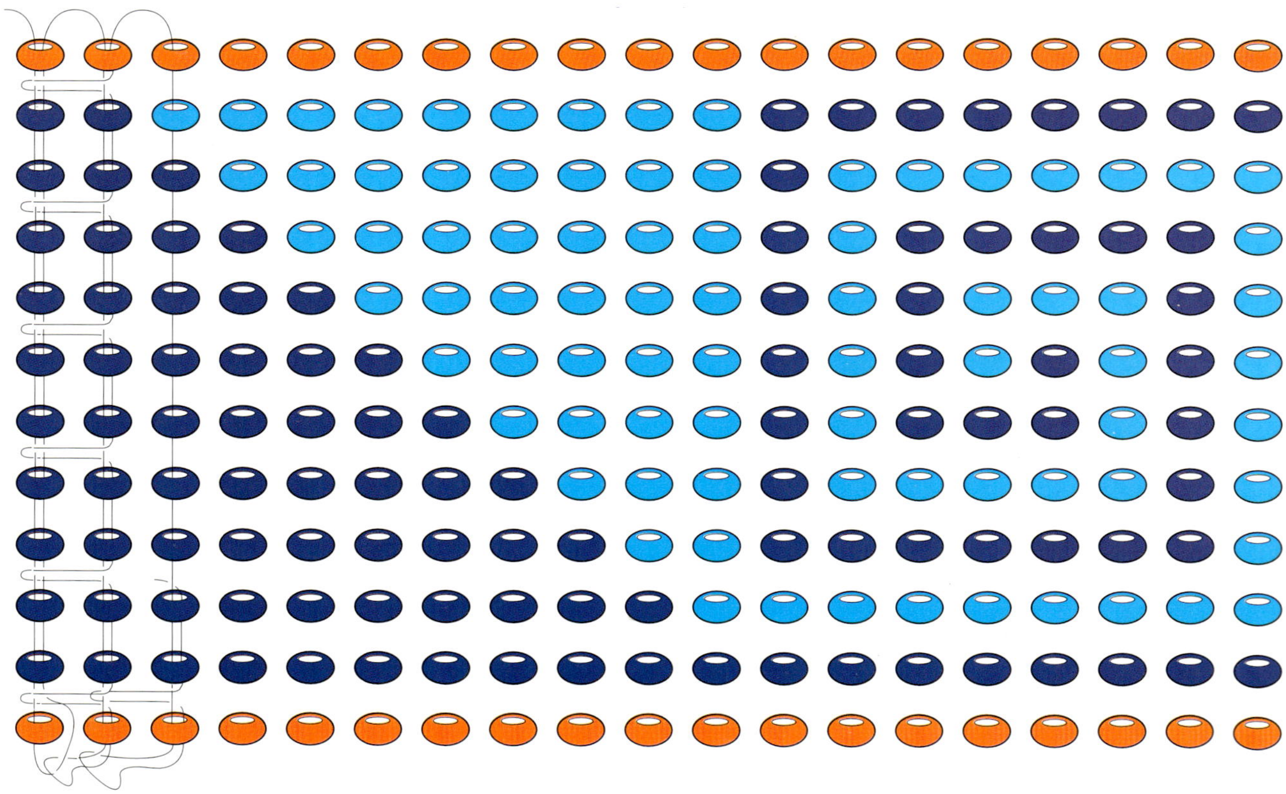

Les bandeaux avec prénoms

49 Claudia

- petites perles facettées noires et saumon,
- fil de lin noir

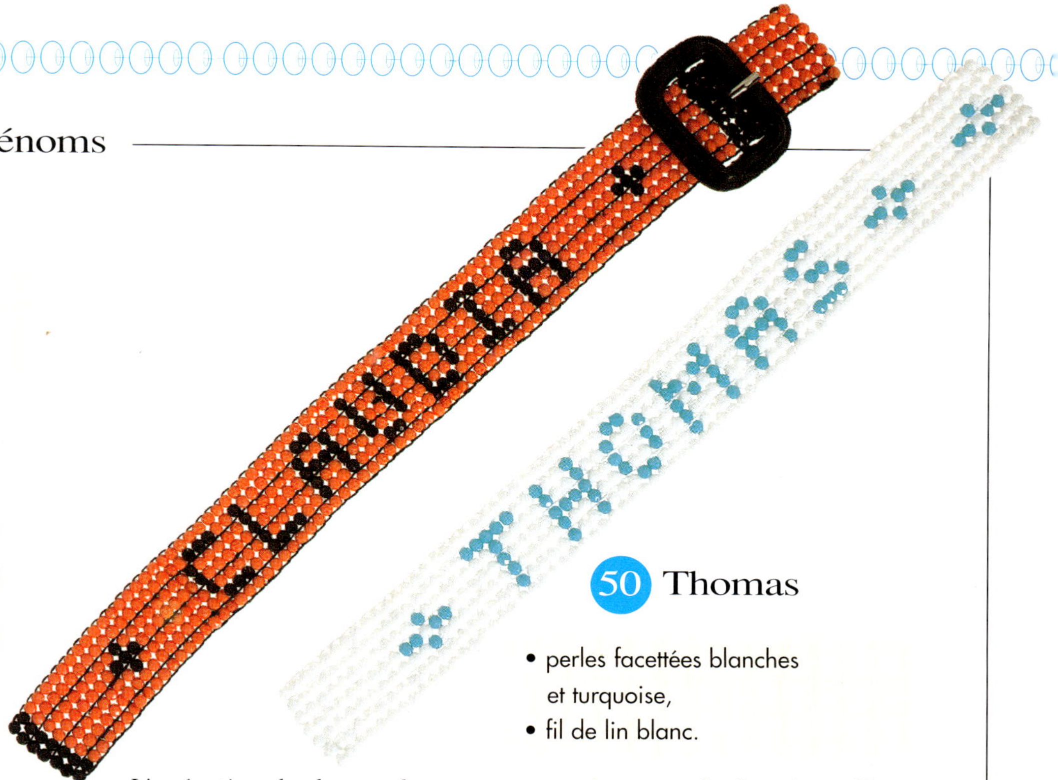

50 Thomas

- perles facettées blanches et turquoise,
- fil de lin blanc.

L'exécution des lettres demande des perles ***rigoureusement*** *régulières. L'alphabet choisi doit être bâton et sans fantaisie pour permettre une bonne lisibilité. Utiliser des lettres majuscules plutôt que des minuscules qui sont de hauteur variable. Pour l'équilibre des caractères, utiliser des lettres variant en largeur de 3 à 5 points et en hauteur de 5 points. Nous vous proposons un alphabet correspondant à ces critères. Avec les perles choisies, 1 mètre de fil donne 3,5 cm de tissage par rang de 7 perles. Pour exécuter une ceinture, prévoir les trous pour le fermoir de la boucle. Pour cela, il suffit d'escamoter une perle dans le rang choisi.*

51 Jupe marron et corsage blanc

- 14 petits tubes or,
- 72 rocailles marron,
- 12 rocailles blanches.

Commencer par les jambes. Enfiler 1 rocaille brune, 8 petits tubes or, 1 rocaille brune. Plier le fil en deux parties égales. Repasser les fils dans les tubes.

1er rang de la jupe : *enfiler 6 rocailles brunes à droite et 6 à gauche.*

2e rang : *croiser les fils dans 10 rocailles.*

3e rang et suivant : *croiser les fils dans 8 rocailles puis 6, puis 4, puis 2.*

Corsage : *croiser les fils dans 3 rocailles blanches, puis 4, puis 3.*

Bras : *3 tubes or + 1 rocaille de blocage. Enfiler les 3 tubes à nouveau.*

Épaules et cou : *passer une perle blanche à gauche, une autre à droite et croiser les fils dans une très petite rocaille blanche.*

Tête : *passer les 2 fils dans la grosse perle blanche. Enfiler 6 rocailles brunes à gauche et 6 à droite. Repasser les 2 fils dans la grosse perle.*

Répéter l'opération.

Pour arrêter les fils, les repasser dans les 3 rocailles, serrer, couper.

Sur le même principe, de nombreuses poupées peuvent être créées.

52 La danseuse blanche

Une perle blanche peut s'intercaler à l'attache des jambes pour faciliter l'attitude de danseuse.

Une perle allongée représente un chausson.

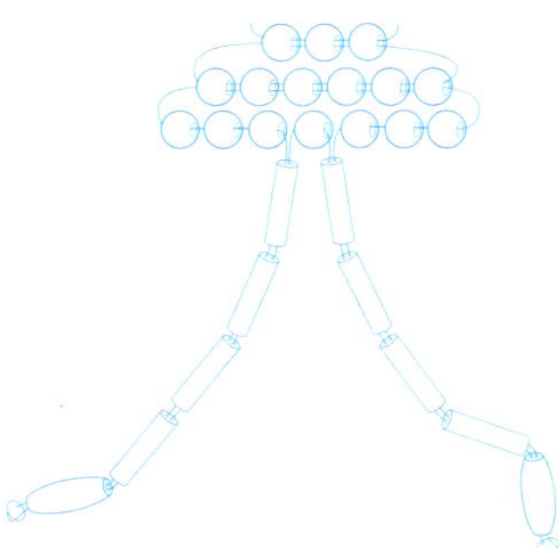

Table des matières

Historique – 3

Applications et formes – 4

Matériel – 5

Les colliers – 8

Les bracelets – 14

Les boucles d'oreilles – 16

La beauté – 18

Les chapeaux – 19

Les papillons – 20

Les arbres – 22

Les fleurs – 24

A la campagne – 26

La maison – 27

Le tissage – 28

Les poupées – 30

Du même auteur :
avec François Deniaud et Jean-Louis Bévière : *Venise, carnaval pour tous.* (Epuisé)
avec Edith Meusnier et Marie Dolard : *Perles et Paillettes à porter,*
L.T.A., Collection « Le savoir-faire », Paris, 1991.

Si cet ouvrage vous a intéressé, il vous suffit d'envoyer vos coordonnées à :
L.T.A.
18, rue de Condé
75006 Paris
pour recevoir gratuitement le catalogue des publications.